KB155778

백의종군길 1700리

걷Go 보Go 느끼Go
백의종군길 1700리

초판1쇄 발행   2023년 9월 13일

지은이   우상규
기획   (사)서울여해재단

펴낸이   신민식
펴낸곳   가디언
출판등록   제2010-000113호(2010.4.15)
주 소   서울시 마포구 토정로 222 한국출판콘텐츠센터 401호
전 화   02-332-4103
팩 스   02-332-4111
이메일   gadian7@naver.com
홈페이지   www.sirubooks.com

ISBN   979-11-6778-095-9(03900)

* 책값은 뒤표지에 적혀 있습니다.
* 잘못된 책은 구입처에서 바꿔 드립니다.
* 이 책의 전부 또는 일부 내용을 재사용하려면 사전에 가디언의 동의를 받아야 합니다.

걷Go 보Go 느끼Go

우상규 지음

백의종군길 1700리

가디언

찾는 곳에 길이 있다

해군 생활을 오래한 나는 군에 있으면서 충무공 이순신이 싸운 바다를 군함을 타고 다니며 어떻게 싸웠을까 상상해 보았다. 서해에서 북한군과 서로 대치하는 긴박한 상황에서 군함을 지휘하며 충무공 이순신이 전투를 지휘하면서 느꼈을 긴박한 전장에서 리더의 마음을 간접적으로 체험했다. 전역 후에는 개인적으로 또 이순신학교 교수로 임진왜란 중 이순신장군의 숨결이 서려있는 유적지와 전적지를 답사했다. 하지만 마지막 한 가지를 못해서 늘 아쉬움으로 남아있는 것이 있었다. 바로 백의종군로 도보답사였다. 버킷리스트에 담아서 늘 꿈꾸던 백의종군길 답사를 마침내 실행하였고 기록으로 남길 수 있게 되어 개인적으로는 큰 영광이었고 앞으로 이순신정신 전파에 더욱 정진할 수 있는 용기를 얻는 계기가 되었다. 그동안 백의종군길 완보에 큰 용기를 주시고 도서 출판 등에 조언과 격려를 아끼지 않으셨던 한국콜마 윤동한 회장님께 지면으로나마 감사의 인사를 드리며 이순신 백의종군길 답사기를 시작하겠다.

이순신의 백의종군은 정유재란이 발발하고 왜군의 반간계로 시작된다. 왜군이 조선을 재침할 때 삼도수군통제사 이순신은 왕명을 거역했다는 이유로 파직되고 한성으로 압송되어 옥에 갇혔다. 선조는 이순신을 죽이려 하였다.

> 신하로서 임금을 속인 자는 반드시 죽이고 용서하지 않는 것이므로 지금 형벌을 끝까지 시행하여 실정을 캐어내려 하는데 어떻게 처리할 것인지 대신들에게 하문하라.[1]

사실상 사형을 명한 것이지만 이후 많은 사람들의 구명운동으로 근 한 달 만에 옥에서 풀려났다. 풀려난 이순신은 권율 휘하에서 백의종군[2]하라는 왕명을 받고 4월 3일 한성을 출발하여 1,700여 리(약 680km)를 이동해서 6월 4일 초계에 도착하였다. 이 긴 여정을 '백의종군로'라 부른다.

백의종군로를 직접 답사하고 싶은 생각은 굴뚝같았으나 쉽사리 도전하지 않았다. 아니 못했다는 표현이 더 정확하다. 개략적으로 어느 지방을 지나갔는지 이동경로를 추정하는 것은 난중일기를 살펴보

---

1 국사편찬위원회, 「조선왕조실록」 선조 30년(1597년) 3월 13일
2 흔히 병사의 신분으로 강등되어 흰옷을 입고 전쟁터에 나가는 것으로 잘못 알려졌으나 백의종군은 무인들에게만 내리는 벌로 실력이 뛰어난 군관이 죄를 지었을 경우 품계는 유지하면서 관직을 박탈하고 후에 공을 세우면 다시 복권해주는 벌이다.

면 알 수 있지만 정확하게 어느 경로를 지나가야 하는지 알 수 없었다. 정보가 없어도 너무 없다보니 감히 시작할 엄두도 내지 못했다. 그런 가운데 시간이 흐르면서 백의종군로를 걸어서 답사해보겠다는 나의 희망사항은 내 기억 속에서 서서히 멀어져갔다.

코로나가 창궐하여 전국을 마비시키던 여름 어느 날 한 지인으로부터 전화가 걸려왔다.

"자전거로 백의종군로를 가려는데 정보가 있나?"

이 한 통의 전화가 나의 내면에 잠자고 있던 백의종군로 도보답사에 대한 욕망을 다시 깨웠다. 전화를 받고 인터넷 검색을 통해 이미 2015년에 해군역사기록관리단과 순천향대학교에서 서울에서 운봉까지 백의종군로 고증을 완료했다는 기사[3]를 찾았다. 기사는 서울에서 운봉까지의 길을 고증하고 지자체에서 복원한 전남과 경남 구간을 더해서 680㎞의 백의종군로 전 구간이 복원되었다는 내용이었다. 이 기사는 백의종군로 도보 답사를 가려던 나에게 한줄기 빛이 되어 다가왔다. 복원된 백의종군로 세부 정보를 얻기 위해 이곳저곳을 찾아보았다. '찾으라, 그러면 찾을 것이요'라는 말처럼 지속적으로 정보검색을 하다 보니 한국체육진흥회 산하의 한국걷기연맹에서 '백의종군로 걷기' 프로젝트를 진행하고 있다는 사실을 알았다. 연맹사무

---

3 "이순신 백의종군로 고증 완료", 동아일보, 2015년 2월 2일

국에서는 답사자들이 쉽게 길을 찾을 수 있도록 지도와 코스별 지명이 표시된 패스포트를 제작하여 무료로 배포하고 있었다. 또 백의종군로를 따라 대략 15㎞마다 스탬프함을 설치하여 패스포트에 스탬프를 찍을 수 있게 해주었다. 나는 바로 협회 위치를 확인한 후 한걸음에 사무실로 달려가 패스포트를 받아 왔다. 패스포트 표지에는 '충무공 이순신 백의종군길 패스포트'라고 인쇄되어 있었다.

표지를 보며 왜 백의종군로가 아니라 백의종군길이라고 표현했을까라는 의문이 들었다. 하지 않아도 될 고민이었지만 궁금증이 계속 머릿속을 맴돌았다. 고민 끝에 예전 충무공 이순신의 백의종군로가 지금은 도로로 막히고, 사유지가 되어 출입할 수 없고, 주택단지가 들어서는 등 여러 이유로 인해 100% 일치하지 않으니 백의종군길이라고 표현한 것이라고 나름 정의를 내렸다.

이 책에서는 백의종군길이라고 칭하기로 하겠다. 본문은 특별하게 장절 구분 없이 난중일기를 바탕으로 충무공의 백의종군길 답사 여정을 기록하였다. 백의종군길은 옛길을 걷는 것이므로 평소에 다녀보지 못했던 한적한 길이 많았다. 이 여정 중 난중일기에 수록된 이순신의 마음을 되돌아보고 처음 접하는 장소에서 한가롭게 사색을 하며 받은 느낌 등을 기록했다. 또한 사람들이 생소하게 느껴질 장소에 대한 기록도 함께하기로 했다. 이 책을 읽으며 독자들이 충무공 이순신의 마음을 함께 느끼며 스스로 현실의 어려움을 헤쳐 나가는 길을 찾았으면 하는 바람이다.

차례

들어가며　찾는 곳에 길이 있다 ·004

제대로 알아보기 백의종군, 백의종군길 ·012
백의종군에 대하여 ·012
이순신의 백의종군길 ·013

**해보고 싶은 것에 도전하라,
백의종군길 답사의 시작** ·018
나의 버킷리스트, 백의종군길 답사 ·018
이순신의 회복탄력성 ·022

**백의종군길 답사 1일차,
한성을 뒤로하고 길을 나서다** ·029
한성을 떠나는 이순신 ·029
서울과 경기도의 경계, 남태령 ·036
목표 달성을 위한 중간 매개체, 스탬프함 ·040

**백의종군길 답사 2일차,
나라 사랑, 부모 사랑을 생각하며** ·043
정조임금의 효심, 지지대 ·043
백의종군 정신을 떠올린 프랑스군 참전비 ·045
내면의 모습이 외부로 표현되는 것, 권위 ·049

**백의종군길 답사 3일차,
변화에 적응해야 살아남는 것** ·053
독산성에서 다시 만난 인연 ·054
진위 찍고 평택역으로 ·058

백의종군길 답사 4일차,
집을 향한 이순신의 발걸음을 생각하며 ·065
이순신의 발자취, 수탄과 팽성객사 ·065
사람이 안 다니면 사라지는 길 ·072

백의종군길 답사 5일차,
기쁨이 하늘이 무너지는 슬픔이 되어 ·077
인적 없는 곡교천 제방길 ·078
눈물로 어머니의 주검을 맞이한 게바위 ·082
장례도 치르지 못하고 떠나는 이순신 ·084

백의종군길 답사 6일차,
길을 잃으면 방향을 먼저 찾아야 ·089
길을 잃고 헤맨 개치고개를 넘어 정안 도착 ·091
인조가 피난가다 쉬었던 석송정 ·097
얼떨결에 찾아간 공주 메타세콰이어길 ·099

백의종군길 답사 7일차,
마침표가 아닌 쉼표, 힘들 땐 쉬어가라 ·103
2보 전진을 위한 비책, 쉼표 하나 ·105
백의종군길의 든든한 동행자, 그림자 ·110

백의종군길 답사 8일차,
홀로 앉아 비통함에 잠긴 이순신을 생각하다 ·115
옛추억을 돌아보고 바람 따라 한걸음 한걸음 ·115
호남지역의 첫걸음, 쟁목고개 ·119

백의종군길 답사 9일차,
뜻밖의 장소에서 환영해주는 사람을 만났다 ·127
조선시대 역참이었던 삼례역 ·127
한내로 벚꽃길을 지나 상봉한 응원단 ·131

백의종군길 답사 10일차,
도로의 주인을 따지기 전에 배려가 먼저 ·137
위험천만 17번 국도 ·137
위험한 국도를 벗어나 한적한 길을 따라 임실로 ·142
충견의 상징 오수견의 고장으로 ·146

백의종군길 답사 11일차,
춘향이 이야기 따라 만인의총에 이르다 ·151
춘향이와 이도령이 넘었던 밤티재길 ·151
충절의 상징, 만인의총 ·156

백의종군길 답사 12일차,
한쪽 길이 막히면 다른 길이 열린다 ·161
이순신과 유정이 걸었던 길, 여원치 옛길 ·161
백의종군길이 아닌 지리산둘레길 걷기 ·169

백의종군길 답사 13일차,
당당하게 나가면 길이 열린다 ·175
밤재터널 2차선을 독차지하고 걷기 ·175
가는 곳마다 이순신 벽화 가득 ·180
구례역이 아닌 구례구역으로 ·184

백의종군길 답사 14,15일차,
도원수를 만나지도 못하고 돌아오는 마음 ·189
잡초와 전기펜스로 막힌 백의종군길 ·189
사유지에 가로막힌 백의종군길 ·194

백의종군길 답사 16일차,
백의종군길인가 둘레길인가? ·201
스탬프함 찾아 공설운동장 한 바퀴 ·201
지리산 둘레길 따라 석주관까지 ·207

백의종군길 답사 17일차,
가장 아름다운 길을 걸었다 ·213
영호남을 아우르는 화개장터 ·213
스토리의 힘, 최참판댁 ·217

백의종군길 답사 18일차,
산길을 걷고 또 산길을 걸었던 하루 ·223
피톤치드 가득했던 하동읍성 역사탐방길 ·223
산굽이 넘고 넘어 ·229

백의종군길 답사 19일차,
삼도수군통제사 재임명지를 돌아보다 ·233
손경래 가옥 그리고 진배미 ·233
이사재를 지나 원지까지 ·240

백의종군길 답사 20일차,
함께 걸으며 함께의 의미를 되새기다 ·247
산청군 백의종군길 걷기 ·247
월평교, 합천을 향한 첫걸음 ·254

백의종군길 답사 21일차,
백의종군길 도보답사 대단원의 막을 내리다 ·261
만 명의 장정으로도 지나가기 어려운 곳, 모여곡 ·261
1,700리 여정의 종착지, 초계 ·267

마치며   많은 사람들이 걷는 백의종군길 조성을 바라며 ·270

제대로 알아보기
백의종군, 백의종군길

백의종군에 대하여

백의종군白衣從軍 하면 떠오르는 인물이 바로 충무공 이순신이다. 백의종군이란 글자 그대로 풀어보면 하얀 옷을 입고 군대에 종사하는 것이다. 영화나 드라마 등에서는 하얀 옷을 입고 병사와 같이 허드렛일을 하는 이순신의 모습이 백의종군처럼 표현되곤 한다. 관복을 못 입고 평복을 입으니 졸병으로 강등되는 것으로 알고 있다. 최근에는 뭔가 잘못을 저지른 사람들이 조직을 위해 최선을 다하겠다는 뜻을 표현하면서 백의종군이라는 단어를 많이 차용해서 말하곤 한다. 이는 백의종군의 본뜻을 명백하게 왜곡하는 것이다. 백의종군은 잘못을 저지른 관료에게 내리는 벌의 한 종류였다. 특이한 것은 이 벌은 무신들에게만 내리는 벌로 문신들은 백의종군을 받지 않는다.

　기록상 백의종군이란 제도를 공식적으로 시행한 것은 연산군부터

이다. 「조선왕조실록」에는 백의종군과 관련해서 모두 60건이 언급되어 있다.[4] 백의종군이 적용된 시기는 작게는 북방 오랑캐가 국경을 침입해서 전투가 벌어진 때부터 크게는 임진왜란 등 큰 전쟁이 벌어졌을 때까지 대부분 국가에 큰 위기가 닥쳤을 때였다. 이중에서 임진왜란 때 가장 많았는데 이는 백의종군의 취지가 외적의 침입 등 국가에 중대한 사태가 발생했을 때 죄를 지은 무인들을 모두 참형에 처하거나 파면시키는 대신에 재능 있는 장수들을 활용할 수밖에 없는 상황에서 품계는 유지되지만 관직이 없는 상태로 복무하면서 공을 세울 수 있는 기회를 부여하는 것이었음을 알 수 있다.

이순신의 백의종군길

이순신은 관직 생활 중 2번의 백의종군을 당했다. 첫 번째는 1587년 조산보 만호 겸 녹둔도 둔전관을 할 때였고 두 번째는 1597년 삼도수군통제사를 할 때였다.

조산보는 조선시대 육진六鎭에 속한 29진보 가운데 하나로 함경도 경흥진 남쪽 35리에 위치한다. 조산보영은 둘레 1,579척, 높이 8척의 석성으로 수군 만호가 관리한다. 녹둔도 둔전은 1583년 12월 현지 군사들의 군량 부족 문제를 해결하기 위해 녹둔도에 둔전을 설치하자는 순찰사 정언신의 건의를 받아들여 농사를 짓도록 한 것이다. 이때 여진

---

4 제장명, 「이순신 백의종군」, 행복한 나무, 2011, p.37

족의 침입에 대비해 약간의 군사를 두어 방비하도록 했는데 초기부터 주둔하는 군사 규모가 여진족의 침입을 막기 어렵다는 문제가 지적되기도 했다.

이순신은 부친상을 치르고 1586년 이곳에 만호로 부임한 후 1년 뒤 두만강 중간에 있는 녹둔도[5] 둔전관[6]을 겸하게 된다. 녹둔도를 둘러본 이순신은 녹둔도를 방어하는 데 병력이 부족[7]하니 추가해달라고 함경도북병사 이일에게 요청하나 거부당한다. 그해 가을 추수를 할 때 추도에 있던 여진족이 침입하였다. 경흥부사 이경록과 이순신은 군사를 지휘하여 여진족에 대항하여 용감하게 싸웠으나 중과부적으로 군사 10여 명이 전사하고 백성 160명이 붙잡혀 갔다. 북병사 이일은 죄가 자신에게 미칠 것을 염려하여 이경록과 이순신을 극형에 처해야 한다고 조정에 건의하였다. 선조는 비변사의 보고를 받고 이경록과 이순신을 백의종군하도록 명하였다.

---

5 함경북도 선봉군 조산리에서 약 4㎞ 떨어져 있는 두만강 중간에 위치한 섬이다. 조선 세종때 6진鎭을 개척한 이래 여진족의 약탈을 막기 위하여 섬 안에 길이 1,246척의 토성을 쌓고 높이 6척의 목책을 둘러 병사들이 방비하는 가운데 농민들이 배를 타고 섬을 오가며 농사를 지었다. 1860년(철종 11) 청나라와 러시아 간에 북경조약 체결로 러시아 영토가 되어버린 것을 1889년(고종 26)에야 알고 청나라측에 항의하며 반환을 요구했으나 실현되지 않았다. 지금은 퇴적 작용에 의해 러시아 육지와 연결되어 있으며 2004년 녹둔도 남쪽에 제방을 쌓았고 군사기지가 자리 잡고 있는 등 러시아가 실효적 지배를 하고 있다.
6 군사임무도 수행하면서 둔전屯田을 관리하는 관리이다. 둔전만을 관리하는 이들은 감관이라고 하였다.
7 녹둔도에 몇 명의 군사가 투입되었는지는 기록이 없어 정확하게 알 수는 없다. 추수 때 경흥부사 이경록도 함께한 것을 봤을 때 경흥진과 조산보 두 곳에서 군사를 차출했을 가능성이 높다. 시기에 따라 실제 군사 규모가 다를 수는 있지만 「제승방략」 권1에 나와 있는 자료를 기준으로 하면 경흥진 198명, 조산보 78명의 군사가 있었다. 이중 일부가 추수기에 녹둔도 방어를 위해 투입되었을 것으로 본다면 녹둔도를 경비하던 군사는 그렇게 많지는 않았을 것으로 판단할 수 있다.

백의종군길 1700리

전쟁에 패배한 사람과는 차이가 있다. 병사로 하여금 장형을 집행하게 한 다음 백의종군으로 공을 세우게 하라.[8]

백의종군하던 이순신은 1582년 2월 여진족 진영을 토벌한 시전부락전투에 참가하였다. 이 전투를 기록한 그림이 '장양공시전부호도'인데 그림 아래에 당시 참가했던 장수들의 직책과 이름이 기록되어 있다. 여기에 '우화열장[9] 급제[10] 이순신'이라고 표기되어 있다. 이 전투에서 승리하는 데 공을 세운 이순신은 백의종군을 면하게 된다.

두 번째 백의종군은 삼도수군통제사 시절 명과 왜 사이에 진행되던 강화협상이 결렬되고 왜의 재침이 임박했을 때 선조의 그릇된 생각, 당쟁과 왜의 간계 등이 복합적으로 작용해서 파직되고 한성으로 압송 하옥된다. 당시 선조의 분노는 하늘을 찌를 듯하였다.

목숨이 경각에 달려있던 이순신은 정탁 등 여러 신하들의 상소로 4월 1일 감옥에서 풀려났다. 이후 권율 밑에서 백의종군하라는 선조의 명을 받고 4월 3일 한성을 출발하여 6월 4일 도원수 권율이 있는 합천에 도착하기까지 60일간 약 680㎞를 '백의종군길'이라고 부른다.

---

8 한국고전번역원, 「선조실록」 선조20년(1587) 10월 16일
9 한자 그대로 본다면 '오른쪽 화열火熱을 책임지는 장수'라고 풀이할 수 있다. 여기서 화열은 화기火氣와 같은 뜻으로 요즘 편제로 본다면 화기지원소대장 정도로 해석할 수 있다. 시전부락전투에는 좌위와 우위에 각각 2명씩 총 4명의 화열장火熱將을 두었다. 각 위에는 좌화열장, 우화열장으로 구분하였다.
10 과거에 합격하였으나 봉작과 관직을 받지 못한 상태의 신분

백의종군 여정

날짜(기간)	머무른 지역	숙박지
4. 3	수원	체찰사 아병의 집
4. 4	평택	이내은손의 집
4. 5	아산	본가
~ 4. 18	아산 (어머니 상 등)	본가
4. 19	공주	일신역
4. 20	이성 (논산 노성면)	언급 없음
4. 21	여산	관노의 집
4. 22	전주	이의신의 집
4. 23	임실	관아 추정
4. 24	남원	이희경의 종 집
4. 25	운봉	박산취의 집
4. 26	구례	손인필의 집
4. 27 ~ 5. 14	순천	정원명의 집
5. 15 ~ 18	구례	손인필의 집
5. 19 ~ 26	구례	장세호의 집
5. 27	악양	이정란의 집
5. 28 ~ 29	하동	읍성 내 별채
6. 1	단성	박호원의 농노 집
6. 2 ~ 3	삼가	관사
6. 4	합천	문보의 집

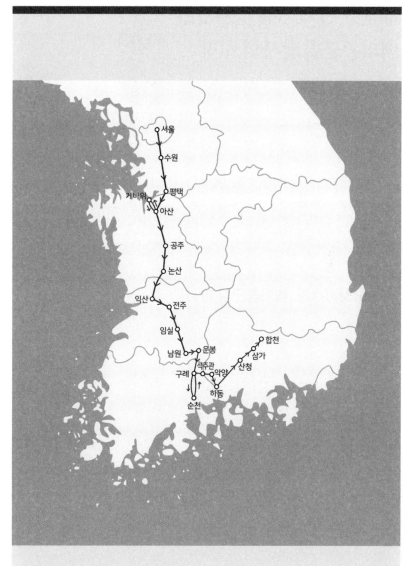

서울 → 수원 → 평택 → 아산 → 게바위 → 아산 → 공주 → 논산 →익산 → 전주 → 임실
→ 남원 → 운봉 → 구례 → 순천 → 석주관 → 악양 → 하동 → 산청 → 삼가 → 합천

해보고 싶은 것에 도전하라,
백의종군길 답사의 시작

나의 버킷리스트, 백의종군길 답사

'버킷리스트' 이 말은 사람이 살면서 죽기 전에 꼭 해보고 싶은 일을 적은 목록을 뜻한다. 2007년 잭 니콜슨과 모건 프리먼 주연의 영화 〈버킷리스트〉가 상영된 이후 많은 사람들의 입에 오르내리는 단어이기도 하다. 영화 〈버킷리스트〉는 가난하지만 가정을 위해 헌신하며 살아온 자동차 정비사 카터와 자수성가한 백만장자로 남부러울 것이 없지만 괴팍한 성격으로 주변에 내 사람이 없는 콜이 한 병실을 쓰면서 시작된다. 어느 날 콜은 카터가 무언가를 열심히 작성하는 것을 본다. 그것은 그가 죽기 전에 꼭 해보고 싶은 일들이었다. 하지만 암에 걸려 6개월 시한부 선고를 받은 콜에게는 그저 희망사항일 뿐이었다. 이후 영화는 콜의 제안으로 카터의 버킷리스트를 하나하나 지워나가는 과정과 그 속에 쌓이는 우정을 보여준다. 이 영화를 보면서 과연 진정한 행복은 무엇일까?를 생각하게 된다.

　내가 군에서 전역한 후 버킷리스트에 담았던 것 가운데 하나가 이순신의 백의종군길 도보답사를 해보는 것이었다. 해보고 싶은 마음은 굴뚝같았지만 이런저런 사정과 백의종군길 경로를 정확하게 알지 못해 차일피일 미루다 추억 속으로 사라졌다. 그러다 우연한 기회에 추억 속에 잠자고 있던 버킷리스트가 다시 현실로 돌아왔다. 갈 수 있는 방법이 생겼다는 희망에 들떠 있으면서도 조심스럽게 아내에게 내 계획을 이야기했다. 이왕 가는 것 가족의 응원 속에 떠나고 싶었다. 아내는 내 이야기를 듣고 차 조심하면서 다녀오라며 내 계획을 지지해 주었다. 아내의 지지를 얻은 나는 백의종군길 안내도와 스탬프 패스포트를 확보하였다. 코스를 보면서 도보 중 유의사항과 중간 목표도 설정하고 도보답사에 필요한 물품을 온라인으로 주문하였다. 주문한 물품이 하나 둘 도착할 때마다 나의 기대감과 설렘은 점점 더 높아졌다.

　사상 유례 없던 장마가 끝난 9월 첫째 주 토요일 이른 아침 나는 충무로 명보아트홀 인근 이순신 생가터 앞에서 백의종군길 도보답사를 시작했다. 종로3가를 거쳐 종로1가 교차로 종각역 1번 출구 앞에 섰다. 종로1가 교차로 SC제일은행 빌딩 인근은 조선시대의 사법기관인 의금부가 있었던 곳이다. 바로 삼도수군통제사에서 파직 후 옥에 갇혔던 이순신이 옥에서 풀려나 백의종군을 시작한 곳이다.

종각역 1번 출구 옆 의금부 터 표지석

    정유재란 초 삼도수군통제사에서 파직되어 한성으로 압송된 이순신은 의금부 감옥에 갇힌다. 지금은 일대가 고층 빌딩 숲을 이루어 의금부의 흔적을 찾을 수 없다. 다만 종각역 1번 출구 앞쪽에 의금부 터 표지석이 있어 이곳에 의금부가 있었다는 것을 알려줄 뿐이었다.

    감옥에 갇힌 이순신은 드라마나 영화에 나온 것과는 다르게 가혹한 고문을 받지 않고 한 차례 형신[11]만을 받았다. 고문보다 더 심각한 것은 이순신에 대한 선조의 생각이었다. 선조는 대신들에게 다음과 같이 지시를 내렸다.

    이순신이 조정을 기망[12]한 것은 임금을 무시한 죄이고, 적을 놓아주

---

11 죄인의 정강이를 때리며 죄를 캐묻던 일
12 誣陷(기망), 허위의 사실을 말하거나 진실을 은폐함으로써 상대방을 착오에 빠지게 하는 행위

어 치지 않은 것은 나라를 저버린 죄이며, 심지어 남의 공을 가로채 남을 무함[13]하기까지 하며 방자하지 않음이 없는 것은 기탄[14]함이 없는 죄이다. 이렇게 허다한 죄상이 있고서는 법에 있어서 용서할 수 없는 것이니 율을 상고하여 죽여야 마땅하다.[15]

선조는 죽여야 마땅하다고 말했다. 나는 새도 떨어뜨린다는 임금의 이 말은 이순신의 목숨이 경각에 달려있다는 것을 뜻했다. 이순신의 지인이 조정의 분위기를 그에게 알려줬다.

임금의 노여워함이 바야흐로 극에 달하였고 조정의 여론도 또한 엄중하여 사태가 장차 어찌 될지 알 수 없으니 이 일을 어쩌면 좋겠소.[16]

자신을 걱정하는 지인의 말에 이순신은 담담하게 이야기했다.

죽고 사는 것은 운명에 달려있으니 죽게 되면 죽을 뿐이오.[17]

주변 환경에 흔들리지 않는 무인의 기개가 느껴지는 대목이다. 감옥에서 담담한 이순신과는 다르게 밖에서는 많은 사람들이 이순신을

---

13 誣陷(무함), 없는 사실을 만들어 남을 함정에 빠뜨리는 것
14 忌憚(기탄), 두려움
15 국사편찬위원회, 「조선왕조실록」 선조 30년(1597년) 3월 13일
16 이순신, 「신정역주 이충무공전서」권3, 석오문화재단 옮김, 태학사, 2023, p.51
17 위의 책 p.51

살려달라고 아우성을 치고 있었다. 함경도에서 과거를 보러 한성에 왔던 지방 군사들은 이순신의 하옥 소식을 듣고 그를 석방하여 북병사로 임명해 주기를 청하는 장계를 올리려고까지 했다. 죽음 직전까지 갔던 이순신은 정탁대감 등 많은 사람들의 구명운동 덕분에 4월 1일 아침 옥에서 풀려났다.

이순신의 회복탄력성[18]

난중일기에 이순신이 옥에서 나오면서 한 첫마디가 이렇게 기록되어 있다.

> 옥문을 나왔다.[19]

요즘도 어떤 사건에 연루되어 감옥에 들어갔다가 혐의 없음이 밝혀지거나 집행유예로 풀려나는 사람들이 남 탓하는 경우를 흔하게 볼 수 있다. 이순신은 자신의 잘못이 없음에도 감옥에 갇히고 자칫 목숨을 잃을 위기까지 겪다가 감옥에서 나왔다. 억울한 심정이야 말로 표현할 수 없었을 것이다. 하지만 그 상황에서 이순신은 누구를 탓하

---

18 어떤 고난을 당했을 때 좌절하지 않고 원상태로 빠르게 돌아올 수 있는 능력을 말한다. '회복탄력성'이 높은 사람들에게는 성장하면서 누군가로부터 아낌없는 사랑을 받으며 자랐다는 공통점을 가지고 있다.
19 이순신, 「신정역주 이충무공전서」권2, 석오문화재단 옮김, 태학사, 2023, p.346 (1597. 4. 1)

의금부에 있는 감옥은 둥그런 담장 안쪽에 있었다. (해미읍성에 복원해놓은 감옥)

거나 비방하지 않았다. '옥문을 나왔다' 이 한마디로 자기 앞에 벌어진 현실만 직시했다. 이런 모습에서 이순신은 자존감이 엄청 강하고 '회복탄력성'이 높다는 것을 미루어 짐작할 수 있다.

이순신이 회복탄력성이 높은 것은 성장하면서 어머니 초계 변씨의 아낌없는 사랑을 받은 영향이 크다고 추측해볼 수 있다. 초계 변씨는 자식 교육을 엄격하게 시키면서도 한성-아산-여수로 이사하면서 자식을 향해서 아낌없이 사랑을 주었다. 맹모삼천孟母三遷에 비교할 수 있을 정도로 이순신의 뒤에서 든든한 버팀목이 되어주었다. 이런 어머니의 정성과 사랑 덕분에 높은 '회복탄력성'을 갖게 된 이순신은 많은 고난 앞에서 좌절하지 않고 늘 정도를 걸을 수 있었다.

남문 밖 윤간의 종 집에 이르러 봉, 분, 울, 사행, 원경 등과 한 방에 함께 앉아 오래도록 이야기하였다.[20]

옥에서 풀려난 이순신은 숭례문(남대문) 밖에 있는 윤간의 종이 사는 집으로 향했다. 나도 종로 1가를 출발하여 이순신의 여정을 따라 숭례문까지 걸었다. 종로를 출발해서 청계천 광교[21]와 한국은행 앞을 지나 숭례문으로 향했다. 평소에는 바쁘게 발걸음을 옮기는 사람들로 넘쳐나는 거리지만 주말 아침이라 왕래하는 사람이 거의 없는 한가한 거리로 변해있었다. 같은 공간이지만 완전히 다른 느낌을 즐기며 거리를 여유롭게 걸었다. 태양이 떠오르기 전 선선한 바람을 온몸으로 느끼며 내딛는 발걸음 한걸음 한걸음에 의미를 부여하고 싶었다. 하지만 그렇게 하지 않기로 했다. 앞으로 내딛을 발걸음이 너무 많으니 한걸음마다 의미를 부여하다가는 십리도 못 가서 발병이 날 것 같은 생각이 들었다. 그저 이 공간 이 시간을 즐기기로 했다. 이렇게 걷다보니 금방 숭례문에 도착했다. 윤간의 종이 살던 집이 염천교 쪽인지 서울역 쪽인지 그것은 중요하지 않다. 숭례문 밖 어딘가에 있었을 것이다. 그곳에는 아들 울, 조카 봉과 분이 미리 와서 이순신을 기다리고 있었다. 죽어서 시신으로 볼 줄 알았던 아버지를 살아있는 모습으로 마주한 아들들의 얼굴에 그제야 안도하는 웃음이 피어났다. 그들을 바라보는 이순신의 얼굴에도 웃음이 피어났다.

---

20 석오문화재단, 앞의 책, 2023, p.346 (1597. 4. 1)
21 당시 가장 큰 규모의 다리로 원명은 광통방에 있는 큰 다리라는 뜻의 '대광통교'이다. 1961년 청계천 복개 시 없어졌다가 2003년 청계천 복원하면서 복구되었는데 사람만 다닐 수 있어 원래 위치에서 상류 쪽으로 150여m 이전하여 복원하였다.

정으로 권하며 위로하기에 사양할 수 없어

억지로 술을 마시고 몹시 취했다.[22]

부자간에 이야기를 나눌 시간도 없이 이순신이 풀려났다는 소식을 들은 사람들이 속속 찾아와 그를 위로했다. 그의 석방을 위해 동분서주했던 영의정 류성룡, 판부사 정탁, 판서 심희수, 우찬성 김명원, 참판 이정형, 대사헌 노직 등 조정의 대신들도 사람을 보내어 문안을 했다. 특히 이순신 밑에서 방답[23]첨사로 근무했던 무의공 이순신[24]은 출옥 소식을 듣고 술병을 들고 찾아와 함께 취하도록 마셨다.

출옥 다음날인 2일에는 온종일 비가 내렸다. 이날은 여러 조카들과 그동안 못 다한 이야기를 나누고 붓 만드는 사람을 불러 붓을 만들게 했다. 또 다시 시작되는 일상을 기록하기 위해 필요한 붓을 챙기는 모습에서 매사에 준비를 중요하게 생각하는 이순신의 평소 모습을 볼 수 있다.

어두울 무렵에 성으로 들어가 정승(영의정 류성룡)과 이야기하다가

닭이 울어서야 헤어져 나왔다.[25]

---

22 석오문화재단, 앞의 책, 2023, p.347 (1597. 4. 1)
23 전라좌수영의 군사기지 5곳 중 1곳, 전라남도 고흥에 위치
24 태종의 맏아들인 양녕대군의 후손으로 1577년 무과에 급제하여 관직에 진출했다. 1591년 전라좌수영 휘하의 방답진 첨사로 부임하여 왜적의 침입에 대비하였으며 노량해전 때 충무공 이순신 전사 후 조선 수군의 전열을 수습하였다. 1604년 선무공신 3등에 책록되었고 1679년 무의武毅라는 시호를 받았다. 광명시 일직동에 묘가 있다.
25 석오문화재단, 앞의 책, 2023, p.47 (1597. 4. 2)

저녁에 다시 성으로 들어가 류성룡을 만나 이야기를 나누었다. 영의정 류성룡은 감옥에서 고초를 겪은 이순신을 위로하는 말로 대화를 시작했다. 그리고 두 사람은 왜군이 계속해서 부산지역으로 증원되어 상륙하는 정보를 나누며 거센 바람 앞에 꺼질 듯이 휘날리는 촛불처럼 왜군의 재침으로 휘청거리는 나라의 안위를 걱정했다. 위기를 어떻게 극복할지 해결 방법을 찾기 위해 머리를 맞대고 고민하고 또 고민했다. 이렇게 임금이 아닌 나라와 백성의 안위를 위해 이야기를 나누다보니 어느덧 새벽닭이 울었다. 날이 밝으면 백의종군을 위해 먼 길을 떠나야 하는 이순신이었기에 아쉬움을 뒤로하고 류성룡과 헤어져 숭례문 밖에 잠시 기거하는 윤간의 종 집으로 돌아와 떠날 채비를 했다.

백의종군길을 떠나기 전에 보여준 이순신의 모습에서 진정한 리더의 모습을 보았다. 이순신은 옥에서 나오면서 "옥문을 나왔다"라는 말 외에 누구를 탓하지 않았다. 리더는 주변 환경을 탓하거나 다른 사람 탓을 하는 데 에너지를 낭비하지 않는다. 오로지 목표 달성을 위해서만 에너지를 제대로 쏟는다. 류성룡과 함께 밤을 새워 고민한 것처럼 목표를 향해 나갈 방향을 정하고 처한 상황에서 해결해야할 문제가 무엇이고 이 문제를 어떻게 해결할 것인가에 몰입한다. 개인의 사사로운 감정을 내려놓고 오직 나라와 백성을 생각하는 선공후사의 자세 이것이 진정한 리더의 모습이다.

두 번째로 이순신은 옥에서 나온 다음날 붓 만드는 자를 불러 붓을 매도록 했다. 일반적으로 먼 길을 떠나는 사람들은 짚신과 옷가지를 먼저 챙기는데 기록의 중요성을 알고 있는 이순신은 붓을 준비했다.

늘 기록하는 이순신의 습관과 미리 미리 준비하는 준비심은 어느 날 갑자기 생긴 것이 아니라 평소부터 몸에 밴 것이다.

30.1 km

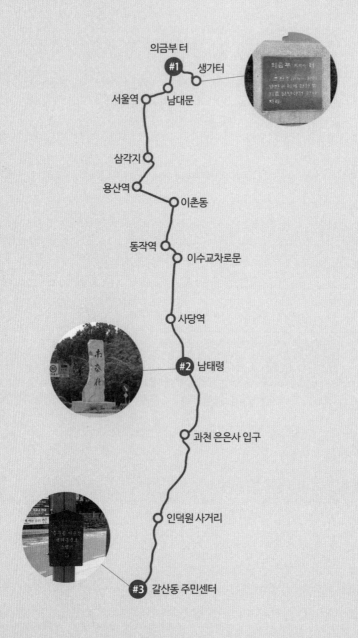

의금부 터
#1 — 생가터
서울역 — 남대문
삼각지
용산역 — 이촌동
동작역 — 이수교차로문
사당역
#2 남태령
과천 은은사 입구
인덕원 사거리
#3 갈산동 주민센터

백의종군길 답사 1일차, 한성을 뒤로하고 길을 나서다

한성을 떠나는 이순신

권율 휘하에서 백의종군하라는 임금의 명령을 받은 이순신은 옥에서 나온 지 3일째 되던 4월 3일 한성을 떠나 긴 여정을 시작했다.

일찍 남쪽으로 길을 떠났다.[26]

권율이 있는 남쪽 지방으로 가기 위해서는 조선시대 6대로[27] 중 '영남로'나 '삼남로' 중 한 길을 이용해야 했다. '영남로'는 이태원-양재-분당용인을 경유하여 동래까지 가는 길이고 '삼남로'는 용산-사

---

26 석오문화재단, 앞의 책, 2023, p.348 (1597. 4. 3)
27 한성과 지방을 연결하는 6개의 주요 도로, 의주로(한성-의주), 경흥로(한성-함흥), 평해로(한성-평해), 영남로(한성-동래), 삼남로(한성-해남), 강화로(한성-강화)

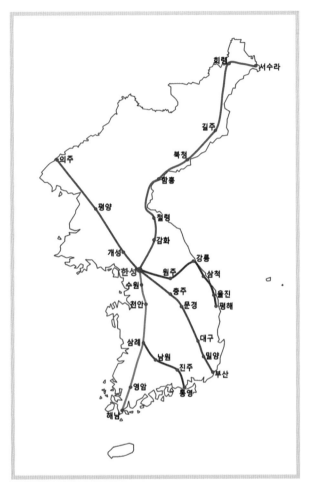

조선시대의 대로

당–과천수원을 경유하여 해남까지 가는 길이다. 숭례문 밖에서 남쪽
으로 길을 떠난 이순신은 한강을 건너기 위해 동작나루로 향했다. 남
쪽으로 가는 길로 '삼남로'를 택한 것이다. 남대문에서 동작나루까지
옛길로 가기 위해서는 서울역을 가로질러 건넌 후 청파로를 따라서

삼각지까지 간 후 용산역-국립박물관을 거쳐 동작대교 방향으로 가야한다.

숭례문에서 청파로로 가는 방법은 2가지가 있다. 하나는 염천교쪽을 이용해서 서울역을 둘러가는 것이고 다른 하나는 서울로7017[28] 고가도로를 이용해서 서울역을 가로질러 가는 방법이다. 어디로 갈까 잠시 고민하다 가보지 못했던 '서울로7017'을 이용하는 길을 선택했다. 조선시대에 고가도로가 어디 있었을까? 뭐 그렇게 생각하면 조선시대에 서울역은 있었나! 환경이 바뀌어 조선시대 그대로를 재현하기 힘드니 이 정도는 애교로 봐주자.

'서울로7017'에 들어서니 내가 생각했던 것과는 다른 풍경이 눈앞에 펼쳐졌다. 공원 하면 울창한 나무들이 그늘을 만들어 따가운 햇살을 가려주고 군데 군데 벤치가 놓여 있고 사람들은 나뭇잎이 바람에 살랑살랑 흔들리다 서로 부딪히며 내는 바스락 소리 아래서 이야기 나누며 힐링하는 모습을 상상했었다. 하지만 이곳은 예전 차량들이 오가던 고가도로를 공원으로 만든 곳이라 푸른 잔디는 없었다. 대형 화분에 담긴 나무와 꽃들이 나름 공원을 찾는 사람들에게 작은 그늘과 푸르름을 선사하며 아쉬움을 달래주고 있었다. 삭막한 아스팔트 길이 이렇게 변한 것이 놀랍지만 내가 상상한 공원의 모습은 아니었다. 저 화분에 담긴 나무들이 훌쩍 자라서 이곳을 찾는 사람들에게

---

28 '서울로7017'은 퇴계로와 만리재로를 연결하는 고가도로로 1970년 개통되었다. 이후 노후화로 인한 안전문제로 차량 통행을 금지시키고 철거를 검토했으나 도심공원으로 사용하는 것으로 정책을 바꿔 2017년 개장하였다.

서울로 7017에서 본 서울역

쉴 수 있는 그늘을 만들어주고 그 아래에 벤치가 놓여 여유롭게 앉아서 휴식을 할 수 있는 시간이 빨리 왔으면 좋겠다는 생각을 해봤다.

'서울로7017' 중간쯤 왔을 때 오른쪽으로 멀리 숭례문이 왼쪽으로는 서울역이 내려다보였다. 지금까지 나에게 익숙한 '컴포트 존'[29]을 벗어나 건물보다 더 높은 눈높이에서 다른 관점으로 보니 건물과 거리의 풍경이 또 다른 느낌으로 다가왔다.

세스 고딘Seth Godin은 저서 「이카루스 이야기: 생각을 깨우는 변화의 힘」에서 사람들이 컴포트 존을 좋아하는 이유에 대해서 다음과 같이 이야기했다.

---

29 컴포트 존(comfort zone, 안락지대) 인체에 가장 쾌적하게 느껴지는 온도, 습도, 풍속에 의해 편안함을 느끼는 범위를 말한다. 사람들은 평소에 익숙한 환경 즉 컴포트 존에 머무르려는 경향이 강하게 나타난다.

'안락지대 안에 머물 때 당신은 기분이 느긋해지고 긴장감 없이 일하거나 생활할 수 있으며, 그 안에서는 실패의 두려움도 크지 않다. 오랜 시간에 걸쳐 자신에게 익숙해진 영역이어서 습관적으로 행동하면 되기 때문이다.'

즉 익숙한 환경에서는 편안함을 느끼고 어떤 상황에 어떻게 대처해야 하는지 더 잘 알 수 있기 때문에 사람들이 익숙한 환경에서 벗어나지 않으려 한다는 것이다. 하지만 익숙한 곳에 머무르는 삶은 쳇바퀴 구르는 삶과 다를 바 없다. 자신의 삶의 지평선을 넓히고 성공을 원하는 사람들은 위험을 감수하고 익숙한 환경을 벗어나 낯선 환경에 도전하여 다양한 경험을 하고 다른 관점에서 사물을 보는 경험을 한다. 그런 환경을 접하기 위해 바뀐 환경이 내게 오기를 기다리지 않고 스스로 나가서 그 환경을 접한다. 자기가 속한 환경에서 벗어나 새로운 것을 볼 수 있도록 하는 것이 바로 여행이다. 나는 지금 여행을 떠나고 있다. 그것도 이순신의 발자취를 따라 백의종군길을 걸어서 말이다. 지금까지 가보지 못한 곳을 많이 다니게 될 것이고 거기서 새로운 것들을 보고 느낄 것이다.

서울로7017을 건너 '청파로'[30]에 접어들었다. 용산 삼각지까지 청파로를 따라 걷는데 얼굴에 비추는 아침 햇살이 따가웠다. 조금이라

---

[30] 청파로는 서대문 무악에서 발원해서 원효로를 지나 한강으로 흘러가는 만초천을 복개하여 만든 도로다. 도로명칭은 이 길이 지나는 용산구 청파동의 동명에서 유래하였다. 청파동의 동명은 조선시대 문신 청파靑坡 기건이 살았다고 해서 붙여졌다.

도 그늘로 가고 싶은 마음에 차들이 오는 것을 바라보면서 인도 안쪽으로 최대한 붙어서 걸었다. 비록 콘크리트가 만들어주는 그늘이지만 따가운 햇볕을 가려주고 선선한 아침 바람이 얼굴을 스치고 지나가니 발걸음이 한결 가벼워졌다.

가벼웠던 발걸음은 남영역 교차로 사거리 앞에서 잠시 멈춰야했다. 사거리 중 내가 건너려는 방향에만 횡단보도가 없었다. 나는 가던 그늘 길로 계속 걷고 싶어서 횡단보도를 3번 건너는 수고로움도 마다하지 않았다. 그렇게 걷던 방향으로 계속 걷던 나는 얼마 가지 못해 난관에 봉착했다. 청파로에서 삼각지로 넘어가려면 고가도로의 인도를 이용해야 하는데 올라가는 계단이 건너편에만 있었다. 어느 쪽 인도로 가더라도 육교로 올라가는 계단이 있을 거라는 내 생각이 한순간에 무너졌다. 당연하다고 생각한 것이 당연한 게 아니었다. 핸드폰을 꺼내 지도를 찾아보니 지도에는 명확하게 육교로 올라갈 수 있는 곳이 한쪽에만 있는 것이 표시되어 있었다. 미리 지도를 한 번만 확인했더라도 이런 실수를 예방할 수 있었는데 잠시 방심했다. 어쩔 수 없이 걸어온 길을 한참을 거슬러 올라가 횡단보도에서 길을 건너 반대편 인도를 이용해서 육교를 올라갈 수 있었다. 내 경험을 바탕으로 당연하다고 생각하고 행동하면 낭패를 볼 수 있다는 사실을 다시 한번 확인한 작은 해프닝이었다. 혼자 길을 나섰으니 이런 실수를 해도 그 피해가 나 혼자에게만 미치지만 팀을 이끌고 길을 나섰다면 리더인 나의 잘못으로 다수가 피해를 볼 수 있는 상황이었다. 작은 교훈을 얻으며 삼각지로 건너온 나는 한강대로를 따라 동작대교로 향했다.

삼각지에서 국립박물관을 지나 동작대교 북단에 도착했다. 동작대교는 그동안 전철이나 차량을 이용해서 수도 없이 다녔지만 걸어서 건너는 것은 처음이었다. 똑같은 곳이었지만 차로 다닐 때와는 완전히 다른 느낌으로 다가왔다. 이곳에 한강을 건너는 나루터가 있었다는 사실도 처음 알았다. 이순신은 이곳 어딘가에 있던 서빙고 나루터에서 배를 타고 한강을 건넜을 것이다.

이순신은 이곳 서빙고 나루터에서 배를 타고 한강을 건넜다. 다리 한가운데에서 잠시 걸음을 멈추고 수백 년을 변함없이 도도하게 흐르는 한강을 내려다보았다. 당시 나룻배를 타고 강을 건너는 이순신은 자신을 옥에 가두고 죽일 것을 명령했던 임금을 원망하면서 강을 건넜을까? 아니다. 오직 나라와 백성만을 생각한 그의 삶을 봤을 때 그는 임금을 원망하지 않았을 것이다. 그저 유유히 흐르는 강물을 바라보며 무념무상으로 자신에게 주어진 직분을 수행하는 방법에 대해서 생각하지 않았을까……

동작대교를 건너 사당으로 가는 길은 한가로웠다. 한때는 가구의 거리로 이름을 날리며 다양한 제품들이 전시된 가구점이 즐비했고 그곳에 물건을 구경하고 사려는 사람들로 북적이던 거리였었다. 주말 아침 이른 시간이라 사람이 없기도 했지만 경기 침체로 많은 가구점들이 떠나고 빈 사무실 앞에 임대라는 글자가 붙어 있는 모습을 보니 안타까운 마음이 들었다. 안타까움을 뒤로하고 사당역에 이르니 주말을 맞이해 등산복을 챙겨 입은 사람들로 북적였다. 서로 반갑게 인사를 하며 근황을 묻는 모습을 보는 것만으로도 사람 사는 내음이 느껴졌다.

서울과 경기도의 경계, 남태령

사당사거리를 지나 낮은 언덕을 천천히 걸어 올라갔다. 도로 정상에 세워진 경계석이 이곳이 서울과 경기도의 경계인 남태령임을 알려준다.

이곳은 예전에는 '여우고개'라고 불렸는데 '여우고개'가 '남태령'으로 이름이 바뀌게 된 것은 정조임금과 관련이 있다고 한다.

남태령南泰嶺은 한성에서 삼남지방으로 내려가는 길목에 있는 고개로 높이는 고작 해발 180m라 '령'이라고 이름 붙이기에도 민망한 수준의 작은 언덕이다. 정조임금이 사도세자를 모신 수원의 현릉원顯隆園[31]으로 행차할 때마다 이 고개에서 잠시 휴식을 취하였다. 한번은 정조가 고개의 이름을 물었는데 옆에 있던 과천현 이방 변씨가 "남태령입니다."라고 아뢰었다. 이때 함께 있던 신하가 "여우고개라는 이름이 있는데 어찌 거짓 이름을 아뢰는 것이냐?"라고 질책했다. 이방 변씨는 "임금님께 여우고개라는 속된 이름을 아뢰기가 민망해서, 한양에서 남쪽으로 가게 되면 첫 번째 나오는 큰 고개라 그랬습니다."라고 대답했다. 이에 정조는 그의 뜻과 즉흥적인 작명 실력을 칭찬하였고 이때부터 이 고개의 이름을 '남태령'이라 불렀다고 전해진다.

옛길이던 이곳이 일제강점기에 한강대교-남태령-군포-남양간 신작로가 건설되었고 이후 1973년 왕복 4차로 확장 개통하면서 사당

---

31 정조의 아버지 사도세자는 세상을 떠나자 동대문구 배봉산 아래 묘를 조성하고 수은묘垂恩墓라 하였다. 이후 정조가 왕위에 오르자 묘를 원으로 격상하여 영우원永祐園이라 하였다가 정조 13년(1789)에 현재의 화산으로 옮기면서 현릉원顯隆園이라 하였다. 대한제국 선포 후 광무3년(1899)에 사도세자가 추존되자 능으로 격상되어 융릉이라 하였다.

남태령 옛길, 지금은 왕복 8차로의 큰 길이지만 조선시대에는 매우 좁은 산길이었다.

에서 남태령 구간의 옛길은 사라졌다. 다만 남태령에서 과천 방향으로는 옛길이 복원되어 당시의 모습을 조금이나마 상상할 수 있게 해 주고 있다.

과천 시내로 들어와 성당을 끼고 우회전해서 관악산 등산로 입구로 방향을 틀었다. 완만한 경사가 있는 편도 1차로의 한적한 동네길을 따라 조금 올라가니 '온온사' 이정표가 나왔다. '온온사'는 인조27년(1650) 건립된 과천 객사로 정조가 현릉원에 참배하러 갈 때 이곳에서 쉬었다고 한다. 지방 객사 중 임금이 쉬어 갔던 객사가 몇 곳이나 있었을까? 정조는 주위 경관이 아름답고 몸이 편안하다 하여 친필로 온온사穩穩舍라는 사호舍號를 내렸다. '온온사'를 지나니 전철역에서 올라오는 길에서 관악산 등산을 가려는 사람들이 줄을 지어 올라왔다. 주말을 맞아 건강과 친목을 다지려는 사람들이 입고 온 형형색색의 등산복이 거대한 물결을 이뤄 꼬리에 꼬리를 물고 관악산 정상

을 향해 가고 있었다. 등산로 입구를 벗어나니 길거리는 다시 한적해
졌다.

　과천 시내를 벗어나 인덕원으로 가는 길에 '찬우물마을'이라는 표
지가 보였다. '찬우물'[32]이라는 명칭도 정조임금과 관련이 있다는 것
을 안내판을 읽고 알았다. 그동안 이 주변을 차를 타고 수없이 지나다
녔지만 과천 곳곳에 정조임금의 발자취가 묻어있다는 사실은 이번
도보답사를 통해 처음 알게 되었다. 찬우물을 지나 인덕원으로 발걸
음을 재촉하는데 도로 옆 불과 수 미터 안쪽에 작은 비석과 화환이 눈
에 띄었다. 가까이 가보니 '고 김승철 중위 전사지지戰死之地'라는 글귀
가 보였다. 이 비석은 6.25전쟁 초 국군이 한강 남쪽에 방어선을 구축
하고 북한군의 남하를 저지하기 위해 이곳에서 약 6일간 고수작전을
펼쳤던 곳이다. 이 전투로 흩어졌던 국군의 재편성과 유엔군 참전에
필요한 시간을 확보할 수 있었다. 안내판에는 이한림 장군이 한강방
어선 전투 중 하나인 과천-신사동 전투에서 전선을 사수하다 전사한
고인을 기리는 마음으로 전사현장과 인접한 이곳에 충혼비를 건립했
다는 설명이 있었다.

　우리가 평화롭게 살 수 있는 것은 위기가 닥쳤을 때마다 분연히 일
어서 목숨을 바친 선열들의 고귀한 희생이 있었음을 다시 한 번 새기
며 잠시 고인의 명복을 빌었다. 평소 자주 다니던 곳이었는데 자동차

---

32 정조가 이곳을 지나는 도중 갈증이 심하게 나서 신하가 근처 우물에서 물을 떠 임금에게 올
렸다. 이 물을 마신 정조는 물이 참으로 차고 맛이 좋다 찬사를 보내며 가자당상을 제수하였
다. 이후 이 우물을 가자우물로 불렀고 물맛이 좋고 차다 하여 찬우물이라 일컬었다.

로 다닐 때는 보고 들을 수 없었던 이런 이야기들을 걸어서 답사하니 비로소 눈에 보이기 시작했다. 동상을 지나 야트막한 언덕을 넘어 인덕원에 도착했다.

나는 인덕원에서 말에게 여물을 먹이고 조용히 누워 쉬다가[33]

이순신은 인덕원 옆을 흐르는 학익천에 도착해서 둔치에 누워 휴식을 취했다. 여기서 특이한 것이 당시 백의종군[34] 신분이었던 이순신이 말을 쉬게 했다는 부분이다. 사람들은 백의종군의 벌을 받으면 하얀 옷을 입고 군졸의 신분으로 강등되어 허드렛일을 하는 것으로 인식하고 있다. 사람들이 그렇게 생각하게 된 것은 드라마나 영화 등에서 극적인 효과를 위해 백의종군하는 이순신의 모습을 그렇게 묘사한 영향이 크다. 하지만 이것은 역사적 사실과 다르다. 백의종군은 병사로 강등되는 게 아니라 유능한 장수가 죄를 지었을 때 그 능력을 아깝게 여겨 다시 한번 기회를 주기 위해 내리는 벌의 한 종류였다. 백의종군을 당한 장수들은 지휘권은 없어지지만 품계는 유지된다.[35] 이

---

33 석오문화재단, 앞의 책, 2023, p.348 (1597. 4. 3)
34 조선시대 무관에게 주어진 형벌의 일종, 관작官爵과 보직 없이 충군充軍하는 의미로 지휘권은 박탈당하지만 품계는 유지되었다. 전쟁이나 위급한 변이 발생했을 때 임무를 제대로 수행하지 못한 장수들에게 중한 형벌을 내리는 것이 마땅하였지만, 나라가 존망의 위기 상황에서 인재가 부족한 현실을 감안하여 이들에게 공을 세우도록 하여 전쟁을 극복할 수 있는 기회를 부여하자는 취지로 형벌 대신 부과한 제도이다.
35 4월 3일 일기에 '금오랑(의금부 도사) 이사빈, 서리 이수영, 나장 한언향은 먼저 수원부에 이르렀다.'라는 부분에서도 백의종군이 일반 군졸로 강등되는 것이 아닌 것을 알 수 있다. 「전율통보」 「형전」에 따르면 정2품 이상은 의금부 도사가 압송하고, 종2품은 서리가 압송하며 당하관은 나장이 압송했다. 당시 이순신은 정2품 정헌대부였기에 의금부 도사가 압송을 한 것이다.

순신도 비록 백의종군의 벌을 받았지만 그 신분에 걸맞게 말을 타고 권율이 있는 곳으로 갈 수 있었던 것도 이런 까닭이다.

목표 달성을 위한 중간 매개체, 스탬프함

인덕원을 뒤로하고 흥안대로를 따라 약 3㎞를 더 걸어 갈산동행정복지센터에 도착했다. 센터 앞 정자 한쪽 기둥에 스탬프함이 설치되어 있었다. 스탬프함에서 스탬프를 꺼내 패스포트에 인증도장을 찍었다. 예전 인터넷에서 미국의 한 해군 제독이 대학졸업식 축사를 한 영상을 봤었다. 그는 축사에서 "아침마다 담요를 개라."는 말을 했다. 그 말의 핵심은 '작은 목표 달성이 모여 큰 목표를 달성할 수 있다.'는 것이었다. 작은 목표를 달성할 때마다 성취감이 생기는데 그런 성취감이 스스로 동기부여를 하게 되고 조금 더 큰 목표를 향해 갈 수 있다는 것이다. 패스포트에 도장을 찍는 것이 별거 아니라면 아니겠지만 찍을 때마다 다음 목표를 향한 도전 정신이 더 강하게 생기는 것은 어쩔 수 없는 현상이다. 이 스탬프함이 내가 백의종군길 680㎞를 완주하는 데 큰 동기부여를 해주는 매개체가 될 것이다.

도장을 찍고 정자 그늘 아래에서 잠시 휴식을 취하며 곧 도착할 전승훈대표를 기다렸다. 전대표는 내가 백의종군길 도보답사를 하도록 자극을 준 분이다. 백의종군길에 대해 이런 저런 이야기를 나누다 "한번 답사를 해볼까!"라는 이야기가 나와 시작했다. 우리는 서로 잘 할

작은 목표 달성으로 동기부여를 해주는 스탬프함

수 있는 것으로 해보자며 전대표는 자전거로 나는 도보로 답사하기로 했다. 출발이나 도착 중 하나는 맞춰보자고 해서 출발 날짜를 맞췄다. 서로 사정이 있어서 출발장소에서 인증샷은 찍지 못했지만 중간중간 전화 연락을 통해 이곳에서 만나기로 했다. 얼마 후 전대표가 도착하고 함께 인증샷을 찍은 후 바로 옆 카페에서 아이스커피로 더위를 식힌 후 출발을 했다. 자전거로 빠르게 멀어지는 전대표에게 파이팅을 외쳐주고 나도 천천히 발걸음을 옮기기 시작했다. 이후로도 지속적으로 연락을 주고받으며 격려하면서 백의종군길 답사를 이어갔다. '빨리 가려면 혼자 가고 멀리 가려면 함께 가라'는 아프리카 속담이 떠올랐다.

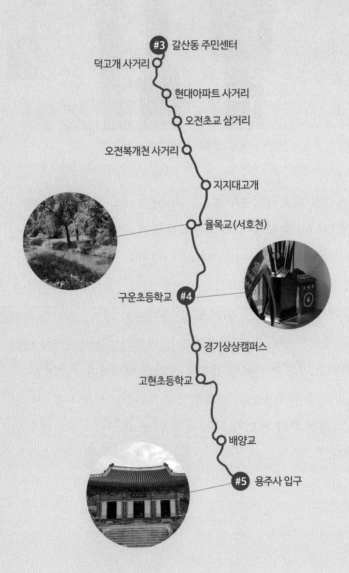

#3 갈산동 주민센터

덕고개 사거리

현대아파트 사거리

오전초교 삼거리

오전복개천 사거리

지지대고개

율목교(서호천)

구운초등학교 #4

경기상상캠퍼스

고현초등학교

배양교

#5 용주사 입구

백의종군길 답사 2일차, 나라 사랑, 부모 사랑을 생각하며

정조임금의 효심, 지지대

갈산동 행정복지센터에서 2일차 일정을 시작했다. 덕고개 사거리에서 안양교도소 담 옆으로 나있는 작은 길로 들어섰다. 단지 길 하나만 건넜을 뿐인데 조금 전까지 길을 가득 메웠던 차들은 사라지고 호젓한 시골길로 변했다.

모자 챙 사이를 파고들어 얼굴을 따갑게 비추는 햇살과 온몸을 휘감고 지나가는 아침의 선선한 바람 속에서 가을의 운치를 느꼈다. 도심 속에서 운치를 느끼는 것은 사치였는지 1㎞ 정도 지나자 다시 거대한 아파트 숲이 나타났다. 아파트 단지 사이의 도로는 차도는 넓었지만 사람이 걸어 다니는 인도는 상대적으로 좁았다. 마주 오는 사람들과 부딪히지 않기 위해 좁은 인도에서 요리조리 몸을 피하며 조심스럽

구 안양교도소. 덕고개 사거리 구 안양교도소 옆길

게 발걸음을 옮겼다. 사람의 이동을 쉽게 하려고 만든 길이 이제 차가
주인이 되었다. 아파트 사이 길을 걸어가다 오전초등학교 앞에서 1번
국도[36]로 나와 큰 길을 따라 남쪽으로 발걸음을 재촉했다.

완만한 언덕길을 3㎞ 정도 걸어 '지지대'[37]라고 불리는 언덕 정상
에 도달하였다. 언덕 정상에는 의왕과 수원 경계를 알리는 도로표지
판과 표지석이 설치되어 있었고 길 건너편에는 정조임금의 효심을
기리는 지지대비가 있었다. 정조는 사도세자의 탄신일을 전후한 1월
말에서 2월 초에 아버지 사도세자의 능(현륭원)을 12번이나 참배하였

---

36 전라남도 목포시부터 평안북도 신의주시까지를 잇는 국내 최초의 국도다. 이 국도는 일제강
점기 때 호남 곡창지대 미곡 징발과 만주 침공을 목적으로 '신작로'를 설치한 것을 근간으로
하고 있다. 천안 이북 구간은 조선시대에 만들었던 삼남로와 거의 일치하지만 그 이남 구간
은 일제의 곡식 수탈과 식민통치의 목적에 따라 일부 변형되었다. 비록 물류 이동의 중심 자
리를 고속도로에 내주기는 했지만 여전히 전라도, 충청도와 수도권을 연결하는 간선 도로로
중요한 역할을 하고 있다.

다. 현륭원(현재 융릉)에 참배를 마치고 한성으로 돌아가는 정조의 발걸음은 무거웠다. 그는 이 고개만 넘어서면 그나마 볼 수 있었던 아버지의 묘를 볼 수 없게 되므로 언제나 이곳에서 행차를 멈추었다고 한다. 이곳에만 이르면 임금의 행차가 느릿느릿하였다고 하여 '遲(더딜지) 한자를 반복해서 遲遲臺(지지대)라고 부르게 되었다. 1807년 화성어사 신현이 정조의 지극한 효심을 기리기 위해 비를 세울 것을 건의하였고 이곳에 비가 세워졌다. 지지대비를 직접 가보고 싶었으나 횡단보도가 없어서 건너가 볼 수 없었다. 직접 보지 못하는 아쉬움을 뒤로하고 발걸음을 재촉했다.

백의종군 정신을 떠올린 프랑스군 참전비

수원 경계에 들어서자 6.25전쟁 때 대대급 부대를 파병하였던 프랑스군 참전 기념공원이 나왔다. 프랑스군은 1950년 11월 29일 부산에 상륙하여 수원에서 미 2사단에 배속되었다. 이후 원주, 지평리, 단장의 능선, 화살머리고지 등에서 용맹하게 싸워 중공군의 남하를 저지하는 등 혁혁한 전공을 세웠다. 총 3,200명이 참전하였고 그 중 288명이

---

37 지지대비가 자리한 고개라 하여 붙여진 것이다. 정조는 사도세자의 탄신일을 전후한 1월 말에서 2월 초에 아버지 사도세자의 능을 12번이나 참배하였다. 1807년 화성 어사 신현이 정조의 지극한 효심을 기리기 위해 비를 세울 것을 건의하였고 이곳에 비가 세워졌다. 정조는 생부 사도세자의 무덤인 현륭원(현재 융릉)에 참배를 마치고 한성으로 돌아가는 길에 이 고개만 넘어서면 멀리서나마 무덤을 볼 수 없게 되므로 언제나 이곳에서 행차를 멈추었다고 한다. 무덤을 뒤돌아보며 떠나기를 아쉬워했기 때문에 이곳에 이르면 왕의 행차가 느릿느릿하였다고 하여 遲(더딜 지) 한자를 반복해서 遲遲臺(지지대)라고 부르게 되었다.

수원 파장동 프랑스군 참전 기념공원

전사했다. 나는 프랑스군이 싸운 곳도 아닌 이곳에 왜 기념공원이 있는지 잠시 의아한 생각이 들었다. 그 의문점은 공원을 둘러보면서 해소되었다. 프랑스군은 한국에 파병된 후 첫 번째 숙영지를 수원에 세웠기에 이곳 파장동에 기념공원을 세운 것이다. 공원에 있는 프랑스군 참전사와 주요 사진 등을 보면서 최초 파병 시 대대장으로 지원한 한 군인을 떠올렸다.

6.25전쟁이 벌어졌을 때 프랑스도 유엔군의 일원으로 대대급부대를 파병하기로 했다. 대대는 모두 지원병으로 제1중대(해병대), 제2중대(수도방위부대), 제3중대(공수부대와 외인부대)등 1,056명으로 구성되었다. 이들은 제2차 세계대전이나 인도차이나 전쟁에서 실전 경험을 쌓은 최정예 멤버들로 구성되었으나 부대 구성이 복잡하고 난다 긴다 하는 장병들이 너무 많아 통솔이 어려워 경험 많은 지휘관이 필요했다. 부대를 한창 창설하고 지휘관을 물색하던 1950년 8

월 30일, 파리에 있는 쥘 모슈 국방부차관 집무실에 건장한 체구의 중년 신사가 들어왔다.

"한국전쟁 파병 전투대대에 지원하려고 합니다."

"아니~ 당신은 몽클라르 장군이 아닙니까?"

차관은 2차 세계대전 때 나르빅에서 프랑스의 유일한 승리를 거두고 전쟁 기간 중 18번의 부상을 입고 18개의 훈장을 받은 그가 대대장에 지원한다는 말에 곤혹스러운 표정으로 말을 이어갔다.

"한국에 파견되는 전투부대는 대대급으로 지휘관은 중령입니다."

"알고 있습니다. 나에게는 계급은 중요하지 않습니다. 육군 중령이라도 좋습니다. 나는 곧 태어날 자식에게 내가 최초의 유엔군 일원으로 참전했다는 긍지를 물려주고 싶습니다."

1/2차 세계대전 때 전장을 누비던 58살의 백전노장 몽클라르 중장은 중령 계급장을 달고 대대장에 취임하였고 관록과 카리스마로 모래알 같은 부대를 단숨에 장악하고 One team을 만들었다.

몽클라르는 자신이 해야 할 일이 무엇인지 확신을 가지고 있었기에 자진해서 강등의 길을 택했고 전쟁터로 향하는 것을 주저하지 않았다. 백의종군길 답사여정에서 만난 몽클라르의 모습은 마치 풍전등화의 나라를 구해야한다는 신념, 늘 병사들과 함께 동고동락하면서도 권력욕에 연연하지 않고 묵묵히 자신의 길을 걸었던 이순신의 삶과 흡사하다는 생각이 들었다. '혹시 몽클라르는 이순신을 예전부터 알고 그 정신을 따르려 한 것은 아닐까?'라는 생각을 잠시 해봤다.

프랑스군 참전기념 공원을 뒤로하고 파장IC와 정자동성당을 지나 율목교에서 서호천으로 들어섰다. 서호천은 원래 파장IC 북쪽에 있는 파장저수지부터 남쪽으로 쭉 이어지는 개천인데 파장IC부터 정자동성당까지는 사람이 걸어 다닐 수 없고 율목교부터 산책로가 잘 정비되어있었다.

조선시대에는 도로를 별도로 내는 게 힘드니 시냇가를 따라 사람들이 왕래했을 것이다. 이순신도 이 길을 따라 권율에게 갔겠지? 장군은 이 길을 걸으며 어떤 생각을 했을까? 감히 상상할 수는 없지만 「난중일기」와 「임진장초」에 나타난 그의 평소 모습에서 유추해 본다면 나라와 백성을 걱정하며 길을 걸었을 것이다. 햇볕이 쨍쨍한 날임에도 서호천은 맑은 물이 흐르고 나무그늘이 햇볕을 가려주고 바람도 살랑살랑 불어오니 체감 온도는 주변보다 낮게 느껴졌다.

서호천의 여유로움과 푸르른 하늘 사이로 쏟아있는 아파트가 묘하게 어우러져 한 폭의 그림이 되었다. 그런 그림을 감상하며 걷는 여유로움은 여기산 공원 앞에서 멈춰야했다. 산책로 정비가 완료되지 않아서 화산교에서 다시 도로로 나와 구운초등학교 건너편 편의점에 비치된 스탬프함을 찾아 열심히 걸었다. 편의점에 도착해 스탬프함을 찾는데 건물을 빙빙 돌면서 아무리 찾아도 찾을 수 없었다. 할 수 없이 편의점에 들어가 스탬프함이 어디 있는지 물어봤더니 구석을 가리킨다. 4번 스탬프함은 건물 바깥쪽에 있었던 게 아니고 편의점 안 한쪽 구석에 놓여있었다. 나는 왜 스탬프함은 바깥에 있을 것이라고만 생각했을까? 이것도 하나의 고정관념이겠지! 편의점에서 스탬프만 찍고 그냥 나오기가 미안해서 음료수 하나를 샀다.

내면의 모습이 외부로 표현되는 것, 권위

편의점을 나와 웃거리사거리에서 서둔로로 가기 위해 길을 건너야 했는데 횡단보도가 없어서 지하보도를 이용해서 길을 건넜다. 이곳은 유동인구가 많은 곳인데 왜 횡단보도가 없을까? 길 위의 주인이 차인가 사람인가를 다시 생각하게 되었다. 서둔로는 편도 1차로의 차량 이동이 적은 도로로 보행자도로가 별도로 있어서 걷기에는 좋았다. 하지만 군데군데 인도를 침범해 주차해 있는 차량들로 보행이 불편한 곳도 있었다. 우리 생활에서 도로 위의 주인은 걷는 사람에서 차를 타는 사람으로 바뀌었나보다. 조금 더 가니 공사 가림막으로 가린 곳이 나왔는데 왠지 아파트를 지을 거라는 생각이 들었다. 서호천 주변이 초가집에서 일반주택을 거쳐 아파트들이 들어서는 것도 주거의 편리함을 따라 환경이 변하고 있는 것이다. 다음에는 또 어떻게 변할까? 차를 타고 이동하면 별 관심이 없을 것들도 걸어서 이동하니 별의별 생각이 다 들었다.

이런저런 생각을 하며 한참을 걷다보니 포장도 제대로 안 되어 있는 길이 나왔다. 수원에 이런 길이 있나 고개를 꺄우뚱했는데 알고 보니 서울대학교 수목원 샛길이었다. 길이 울퉁불퉁하고 곳곳에 물이 고여 있어 걷기에는 불편했지만 오고가는 사람도 차도 거의 없어서 조용히 걷기에 좋았다. 수목원길 끝자락에서 공군 예비군훈련장 이정표를 보고 걸었다. 예비군훈련장 앞에서 다시 서호천을 만났다. 서호천 옆으로 길게 뻗은 공군 비행장 활주로를 바라보며 제방길을 걷는데 비행장에서는 전투기들이 연신 뜨고 내리고를 반복하는 모습을 보면서 '하늘을 지키는 가장 높은 힘'이라는 문구가 문득 생각이 났다.

서호천을 벗어나 좁은 도로를 이리저리 걷다보니 어느덧 홍익대학교와 수원대학교가 위치한 곳까지 왔다. 정조임금 이전까지는 이 일대에 수원읍성[38]이 있었고 읍성 안에 수원부 관아가 있었다. 수원읍성터를 지나 융건릉[39] 주차장에 도착했지만 시간이 늦어 들어가 보지는 못했다. 이곳은 아버지 사도세자를 그리워하며, 살아서는 직접 아버지의 무덤을 찾았고 죽어서는 아버지와 함께 있고 싶어 하는 정조임금의 간절한 마음을 느낄 수 있는 곳이었다.

> 저물어서 수원에 들어가 잤다.(경기체찰사 수하의 이름도 모르는 군사의 집에서 잤다.) 신복룡이 우연히 왔다가 내 행색을 보고 술을 갖추어 가지고 와서 위로하였다. 수원부사 유영건이 보러 왔다.[40]

이순신은 수원관아 인근에서 이름도 모르는 병사의 집에서 하루를 묵었다. 아무리 백의종군 중인 신분이지만 명색이 정2품 정헌대부인데 어떻게 그런 곳에서라는 생각이 들었다. 하지만 이순신은 자신

---

38 수원읍성(수원부 관아)세종실록 지리지에 의하면 수원읍성은 둘레 약1,320m이며 성에 2개의 우물이 있었고 수원부 관아 규모는 모두 163.5칸이었다고한다. 하지만 1789년 양주 배봉산에 있던 사도세자의 능 영우원永祐園이 현륭원顯隆園으로 개칭되면서 이곳으로 옮겨졌다. 이 여파로 수원부 읍치는 팔달산 아래로 옮겨가게 되었고 수원부 관아의 중심 건물들과 민가 등은 대부분 철거되었다.

39 조선 제21대 왕 영조의 아들인 사도세자와 혜경궁 홍씨가 함께 묻힌 융릉과, 조선 제22대 왕 정조와 효의왕후가 함께 묻힌 건릉을 합쳐 부르는 명칭이다. 수원 고을의 진산이었던 화산華山 아래에 조성된 능이라 하여 '화산릉華山陵'이라고도 불린다.

40 석오문화재단, 앞의 책, 2023, p.348 (1597. 4. 3)

의 권위를 내세우려 하지 않았다. 그저 주어진 환경에 맞게 겸허하지만 담담하게 행동할 뿐이었다. 그런 모습에도 그를 알아본 관료들이 찾아와 인사하고 위로했다. 권위는 외적으로 나오는 것이 아니라 내면의 모습에서 뿜어져 나오는 것이다.

나는 날이 완전히 어두워지기 전에 목적지인 용주사까지 가기 위해 발길을 재촉했다. 융건릉에서 용주사로 가는 길은 아파트 건축공사 중으로 예전에 있던 길이 여기 저기 파여 있었고 임시로 개설한 편도 1차선의 좁을 길이 군데군데 나타났다. 임시도로는 도로폭도 좁지만 차도와 인도의 경계가 없어서 해가 진 후 걸어가다가는 자칫 큰 사고가 날 수 있는 길이었다. 서둘러 걸은 덕분에 해가 지기 전에 용주사에 도착했다. 5번 스탬프함은 용주사 광장 왼편에 있는 관광안내소에 있었다. 패스포트에 스탬프를 찍으며 2일차 여정을 마무리했다.

용주사 입구
#5
송산교
세마 교차로
은빛개울공원
오산역
#6 진위면사무소
한국복지대학교
모산근린공원
#7
평택역

백의종군길 답사 3일차,
변화에 적응해야 살아남는 것

이른 아침이라 방문객 없어 고즈넉함을 풍기는 용주사[41] 경내를 한 바퀴 둘러본 후 병점역을 향해 발걸음을 재촉하면서 3일차 여정을 시작했다.

난중일기에는 이날 이순신이 사찰에 들렀다는 내용은 없다. 사람은 환경의 지배를 받는다고 이순신도 조선시대 숭유억불崇儒抑佛정책의 영향을 받았을 것이다. 고려시대였으면 사찰에 들러 나라와 백성의 안위를 염원하고 갔을 거라는 생각이 들었다.

───────────────

41 신라 문성왕 16년(854년)에 창건된 갈양사葛陽寺의 전통성을 이어가는 사찰이다. 갈양사는 병자호란 때 소실된 후 폐사되었다. 이후 임금의 자리에 오른 정조는 사도세자의 영혼이 구천을 맴도는 것 같아 괴로워하던 중 보경스님으로부터 부모은중경父母恩重經설법을 듣게 되고 이에 크게 감동, 부친의 넋을 위로하기 위해 절을 세울 것을 결심하였다. 양주 배봉산에 있는 사도세자의 묘를 화산으로 옮기면서 절을 다시 일으켜 용주사로 이름하고 현륭원의 능사陵寺로서 아버지 사도세자의 능을 수호하고 그의 명복을 빌게 하였다.

송산교에서 바라본 황구지천

독산성에서 다시 만난 인연

30분 후 황구지천을 가로지르는 송산교를 건너 우회전해서 한신대학교 방향으로 향했다. 황구지천은 상류에서 서호천과 합류하고 하류에서 진위천에 합류되어 아산만으로 유입되는 하천이다. 조선시대에 수량이 풍부하다는 가정 하에 서호천에서 작은 배를 띄우고 강물의 흐름에 몸을 맡기면 편안하게 아산 게바위까지 갈 수 있겠다는 생각을 해봤다.

한신대학교 앞 사거리에서 양산로 389번길을 따라 세마교차로까지 갔다. 서부로와 나란히 나있는 양산로 389번길은 한때 호남지방에서 한성으로 가는 주요 도로였을 것이다. 지금 양산로 389번길은 오가는 사람도 차도 거의 없는 한산한 도로가 된 반면에 바로 옆 서부로는 생업을 위해 이동하는 사람들을 태운 차들로 가득했다. 시대의 변화에 사람들은 더 빠르게 이동할 수 있는 도로를 원했고 그 요구로 더 넓고 직선화된 도로가 새로 만들어졌다. 이 흐름에 뒤쳐진 옛길은 도로로서의 기능이 떨어지면서 사람들의 이용이 줄어들었다. 변화에 적응해야 살아남을 수 있는 것은 사람이나 길이나 다 똑같이 적용되는 이치인 듯하다.

세마교차로에서 세마역쪽으로 방향을 바꾸면 바로 은빛개울공원이 나온다. 약 2㎞ 길이의 공원은 아파트를 건설하면서 조성된 공원인데 깨끗하고 걷기에 좋게 조성되어 있었다. 한적한 곳에서 주민들이 홀로 또는 동반자와 함께 산책하는 모습에서 생활의 여유로움이 느껴지는 것은 나만의 생각일까? 이 주변에는 유독 '세마'라는 명칭이 많이 붙어있다. 이는 임진왜란 시 독산성[42]에 주둔해 왜군을 맞아 싸운 권율과 관련된 이야기에서 유래되었다.

> 일찍 길을 떠나 독성 아래 이르니 판관 조발이 장막을 설치하고 술을 갖추어 놓았다.[43]

---

[42] 독성산성이라고도 불리는 독산성의 둘레는 3.2㎞이고 문이 4개인 성이다. 이 성은 백제시대에 축성하였고 남북국시대나 고려시대에도 군사 요충지로 쓰였던 것으로 추정하고 있다. 임진왜란 때 권율 장군이 이곳에서 왜군을 격퇴하기도 했다. 다만 이 성은 물이 부족하다는 큰 결점이 있다. 1592년 12월 권율 장군이 이곳에서 왜군을 맞아 싸울 때 성에 우물이 없는 것을 안 왜군은 성을 포위하고 성으로 들어가는 물을 끊는 전략을 펼쳤다. 이에 권율은 성 가장 위에 있는 누각에서 말에게 쌀을 붓게 하였다. 이를 본 왜군은 성 안에 물이 풍부한 것으로 속아서 포위를 풀고 물러갔다. 말을 목욕시킨 이곳을 세마대洗馬臺라고 불렀다.

[43] 석오문화재단, 앞의 책, 2023, p.348 (1597. 4. 4)

한신대학교 사거리에서 은빛개울공원까지는 모두 독산성 둘레를 따라 오산으로 가는 길이다. 수원부 인근에서 하루를 지낸 이순신은 아침 일찍 남쪽으로 길을 나서서 정오가 되기 전에 독산성 아래 어딘 가에 도착했다.(은빛개울공원 연못이 어딘가가 아닐까?) 그곳에 독산성 수 성장으로 판관[44]을 겸임하고 있던 조발이 장막을 치고 술을 준비하여 이순신을 맞이했다. 조발과의 인연은 1595년 2월 16일자 난중일기에 나와 있다.

> 대청에 나갔더니 함평현감 조발이 논박[45]당하여 돌아간다고 고하므로 술을 대접하여 보냈다.[46]

조발이 누군가에게 논박을 당해 마음이 상해 함평으로 돌아가려 할 때 이순신은 그에게 술을 권해서 마음을 풀어줬다. 조발은 한산도 에서 이순신이 자신에게 해줬던 것처럼 백의종군하는 이순신의 마음 을 풀어주려고 이른 아침에 장막을 치고 술을 준비하여 기다리고 있 었다. 이순신이 한산도에서 조발에게 술을 권해 상처받은 마음을 달 래줄 때 훗날 자신이 백의종군을 하면서 그에게서 이런 대접을 받을 것을 예상했겠는가? 아무 조건 없이 상심한 아랫사람의 마음을 풀어 주려고 그랬을 것이다. 그런 마음을 담은 술 한 잔에 감동받은 조발이 백의종군하는 이순신을 잊지 않고 맞이했던 것이다. 사람의 인연은

---

44 소속 관아의 행정실무를 지휘, 담당하거나, 지방관을 도와 행정 군정에 참여한 종5품의 관 직. 조발은 독산성 수성장으로 활약하면서 그 능력을 인정받아 판관을 겸임하고 있었다.
45 논박論駁, 어떤 주장이나 의견에 대하여 그 잘못된 점을 조리 있게 공격하여 말하는 것.
46 석오문화재단, 앞의 책, 2023, p.221 (1595. 2. 16)

오산 은빛개울공원 옆 연꽃 가득한 소류지

언제 어떻게 다시 만날지 모른다. 오늘을 살아가는 우리도 내 눈 앞에 벌어지는 일에 일희일비하기보다 사람의 마음을 얻는 데 집중하는 것이 더 크게 성장할 수 있는 발판을 만드는 일이다.

　은빛개울공원 끝자락에는 연잎 가득한 작은 연못이 있는 소공원이 있었다. 나는 연못가에 앉아 연잎을 바라보며 잠시 휴식을 취했다. 내가 연잎을 바라보며 백의종군길을 걸어갈 에너지를 얻은 것처럼 이순신도 조발이 준비한 술을 한 잔 마시면서 백의종군하는 착잡한 심정을 잠시 잊고 휴식을 취하며 에너지를 얻었을 것이다.

진위 찍고 평택역으로

세마역을 지나 궐동지하차도를 건너서 오산 구시가지에 접어들었다. 잠시 후 오산천을 가로지르는 오산대교에 도달했다. 오산천의 수질은 깨끗했고 양쪽으로는 산책로와 체육공원 등이 잘 정비되어 시민들에게 휴식할 수 있는 공간을 제공하고 있었다.

구시가지를 지나 말머리길로 들어섰다. 도로명 주소가 말머리로로 되어 있는데 왜 말머리인지 유래는 알 수 없었지만 재미있는 명칭이었다. 말머리로를 따라 음악을 들으며 열심히 발걸음을 옮기는데 전자지도에서 경로 이탈 알람이 울렸다. 지도를 검색해보니 방금 지나쳐온 작은 길(경기대로 148번길)로 가야했는데 너무 좁은 길이라 그냥 지나쳤다. 오던 길을 되돌아서 양쪽에 공장들이 쭉 늘어선 경기대로를 걸어갔다. 야트막한 언덕을 넘어 조금 걸어가니 갑자기 허허벌판이 나타나 완전히 다른 세계에 들어선 듯했다. 지도에는 '진위 일반산업단지'라고 나오는데 공장 건물이 몇 개 안 보이고 아직도 빈 곳이 너무 많았다. 빠른 시일 안에 이곳에 공장들이 가득 들어서고 자재가 활발하게 유통되어 사람이 활기차게 움직이는 날을 상상해보며 발걸음을 재촉했다.

공단 안 LG전자를 지나 큰 길로 들어서니 비로소 진위면 행정복지센터 이정표가 보였다. 이정표를 따라 행정복지센터에 도착했다. 입구 정면에 보이는 정자로 한걸음에 달려갔는데 스탬프함이 보이질 않았다. 직원에게 물어봐도 스탬프함의 존재를 모르겠다는 답변만 돌아왔다. 먼저 다녀간 전대표에게 전화해서 물어보니 복지센터를

나무에 가려진 정자(이곳에 스탬프함이 있다)

등지고 입구를 바라보면 왼쪽에 있단다. 전화를 끊고 왼쪽에 있는 정자 주변을 아무리 살펴도 스탬프함은 찾을 수 없었다. 이게 어떻게 된 일인지 멍해서 있는데 청소하시는 분이 지나가셨다. 얼른 달려가 정자에 이렇게 생긴 스탬프함을 찾는데 혹시 아시냐고 물었다. 그 분 말씀이 입구 쪽 나무 뒤에 정자가 하나 더 있다고 알려주셨다. 입구에서는 보이지 않는 곳에 정자가 있었고 그 구석에 빨간 스탬프함이 나를 반겨주었다. 내가 생각하는 기준은 안쪽에 위치한 정자였고 다른 사람들은 바깥쪽에 있는 정자를 기준으로 설명을 해줬다. 서로 이야기할 때 기준으로 삼은 지점과 생각이 다른 상태에서 이야기를 하니 불통이 된다는 사실을 직접 체험했다. 조직에서 구성원들이 한 곳을 제대로 바라보는 것이 얼마나 중요한지 실감하는 순간이었다. 스탬프함을 배경으로 인증샷을 찍었다.

오산 황천상의 집에서 대접을 받고 진위에 이르렀다. 황은 내 짐이
무겁다고 말을 내어 실어 보내니 고맙기 그지없었다.[47]

진위면행정복지센터에서 스탬프를 찍고 출발하여 봉남교를 건넜
다. 이순신은 이곳 어딘가에서 자신도 쉬고 말도 쉬게 했을 것이다.
그는 휴식을 취한 후 길을 나서서 황천상의 집에서 점심을 먹었다. 현
재 황천상의 집이 어디쯤인지 사료가 남아있지 않아서 짐작할 수 없
다. 어디쯤일까 잠시 생각하다가 부질없는 것이라 생각하고 평택 이
정표를 보고 걸음을 재촉했다. 마산사거리를 지나서는 317번 지방도
로인 삼남로를 따라 걷기만 하면 되기에 길을 잘못 들어설 일은 없었
다. 거기에 왕복 4차선 도로에 보행로까지 잘 정비되어 있어서 안심
하고 걸을 수 있었다.

마산사거리를 지나 야트막한 언덕길에 중간에 있는 냉동 창고를
지나면서 길가에 서있는 입석을 보는 순간 내 눈이 번쩍 띄었다. 비석
에는 '단양우씨 세거비'라는 글씨가 선명하게 새겨져 있었다. 이곳에
어떤 연유로 세거비가 세워졌는지 잠시 인터넷을 검색해봤다.

단양 우씨 시조 우현禹玄은 고려 광종(4대왕, 925~975, 재위 949~975)
때 정조호장正朝戶長[48]을 지냈다. 우씨는 단일 본이지만 파는 10개파로
나뉘어져 있는데 시조로부터 18세 안정공파의 우희도 어른께서 진위

---

47 석오문화재단, 앞의 책, 2023, p.348 (1597. 4. 4)
48 '정조'는 고려시대 지방 향리 가운데 향직 7품에 해당하는 직위다. 그 향리의 우두머리를 호
장이라고 했다.

면 마산리 오룡동에 정착하신 후 이 주변에 집성촌 형태로 많은 분들이 사시게 되어 세거비가 세워진 것으로 나온다. 백의종군길을 걷다 평소에 알지 못했던 진위면의 세거비도 볼 수 있어서 좋았다.

삼남로를 계속 가다보니 허허벌판에 학교가 덩그러니 하나 있었다. 가까이 가보니 한국복지대학교라는데 사회복지과, 한국수어교원과, 유아특수보육과 등 장애인을 위한 전문 인력을 양성하는 대학이라고 소개되어 있다. 지도에는 이 일대에 카이스트 평택캠퍼스, 대학병원 등이 들어설 계획이고 주변도 택지로 개발되는 것으로 나와 있다. 지금은 덩그러니 홀로 있지만 머지않아 도심 한가운데 위치하는 학교가 될 것이다. 이런 학교에서 배출된 인재들이 사회에서 소외된 분들에게 많은 도움을 줬으면 좋겠다는 생각을 했다.

평택 시내로 들어서기 직전 원균 묘소로 가는 안내표지가 있었다. 지금까지 백의종군길을 걸어올 때는 그저 예전 유적들을 보거나 주요 건물들을 둘러보면서 왔는데 그래도 이순신과 연관된 인물의 자취가 있는 이정표를 보니 내심 반가웠다. 한번 가보고도 싶었지만 백의종군길과 멀리 떨어져 있어 일부러 가기는 부담스러워 그냥 지나쳤다. 평택 신시가지에 들어섰다. 신시가지는 도로도 반듯하게 잘 정비되어 있었고 고층아파트도 즐비하게 들어서 있었다. 그 중 모산골방죽이라는 저수지 주변을 근린공원으로 잘 정비해놓은 게 눈에 띄었다. 최근 조성되는 신시가지들은 주민들에게 삶의 질을 높일 수 있는 다양한 시설이 잘 조성되어 있는 게 특징인 듯하다. 저수지 가운데서 뿜어져 나오는 분수줄기는 단순히 보기 좋으라고 설치한 것보다

평택역 TMO 앞에 있는 7번 스탬프함

수질개선을 위해 설치했을 가능성이 더 높지만 걷기에 지친 나에게는 시원함을 느끼게 해주는 물줄기로 다가왔다. 분수의 시원한 물줄기를 보면서 공원 벤치에 앉아 늦은 점심을 준비해간 빵과 음료로 대신하면서 잠시 더위를 식혔다.

휴식을 취한 후 다시 걸음을 재촉하여 평택 구시가지로 들어섰다. 구시가지는 예전 내가 평택에 근무할 때와 비교해도 거의 변한 게 없었다. 변화가 있다면 코로나의 영향으로 거리가 더 썰렁해졌다는 것 정도였다. 구시가지를 가로질러 오늘 목적지인 평택역에 도착했다.

평택역에 도착해서 스탬프함이 비치된 T.M.O.(여행장병안내소)를 찾았다. 그런데 평택역사 이쪽 끝에서 저쪽 끝까지 꼼꼼하게 찾았는데 T.M.O.가 보이질 않았다. 진위면행정복지센터에 이어 오늘 두 번째로 만나는 스탬프함도 나와 숨바꼭질을 하려는지 도무지 찾을 수 없었다. 이럴 땐 현지인들에게 물어보는 게 최고다. 역사 안으로 들어가 역무원에게 T.M.O.가 어디에 있는지 물어봤다. 역무원이 알려준 위치는 평택역사 뒤편이었다. 평택역은 역사 앞뒤로 광장이 있다는 사실을 처음 알았다. 뒤편에 있는 시설을 앞에서 열심히 찾았으니 당연히 찾을 수 없었다. 역사 뒤편으로 가서 T.M.O.를 찾았는데 여기도 코로나의 영향으로 임시 폐쇄한다는 안내가 붙어있었다. 7번 스탬프함을 열고 스탬프를 꺼내 패스포트에 찍고 오늘 걷기 여정을 마쳤다.

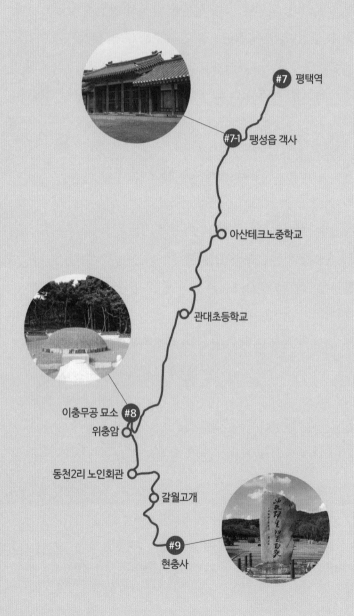

#7 평택역

#7-1 팽성읍 객사

아산테크노중학교

관대초등학교

이충무공 묘소 #8

위충암

동천2리 노인회관

갈월고개

#9
현충사

백의종군길 답사 4일차,
집을 향한 이순신의 발걸음을 생각하며

이순신의 발자취, 수탄과 팽성객사

백의종군길 4일차는 평택역을 출발해서 아산 현충사까지 걷는 여정으로 아침 일찍 평택역 뒤편 광장을 출발했다. 경로 상 중간에 점심 식사를 할 만한 식당이 없는 것 같아서 인근 편의점에서 빵, 커피와 생수를 사서 배낭에 담았다. 물병을 넣었더니 묵직한 무게감이 어깨에 전달되는데 세상에서 가장 무거운 게 물 아닐까 하는 생각이 절로 들었다. 이른 아침인데도 도로에는 직장으로 출근하는 차들이 가득했다. 출발하고 바로 안성천을 가로지르는 군문교를 건넜다.

> 수탄을 거쳐 평택현 이내은손의 집에 이르렀다.[49]

---

49 석오문화재단, 앞의 책, 2023, p.348 (1597. 4. 4)

안성천 인근 수탄군영 추정지

수탄은 군영과 나루터가 있었던 곳으로 군문교 상류쪽(천안시 서북구 인근)에 위치했다. 이순신도 수탄에서 안성천을 건넜을 것이다. 지금은 그 흔적이 없고 군문교가 안성천을 가로지르고 있다.

길을 따라 걸어 평궁사거리에서 길을 건너 팽성읍사무소 이정표를 보고 편도 1차선의 동서촌로로 들어섰다. 좀전까지 도로를 가득 메웠던 출근 차량들은 순식간에 사라지고 한적한 시골길로 변신했다. 동서촌로로 들어서 조금 걷는데 특이한 이름의 버스정류장이 나타났다. '공군아파트' 버스정류장 옆에 있는 작은 단지의 아파트가 공군관사인 듯했다. 외형을 보니 큰 평수는 아니고 오래된 5층 아파트였다. 공군아파트를 보니 예전 오래된 군 관사에서 생활하던 때가 생각이 났다. 낡고 비좁아서 생활하기 불편했던 관사였지만 그곳에서 알콩달콩 신혼생활을 시작했던 일들이 하나하나 떠올랐다. 즐거웠던 추억과 안타까웠던 기억을 생각하면서 팽성객사로 발걸음을 옮겼다.

팽성읍 객사

길을 따라 걸어 팽성객사[50] 초입에 있는 김밥집에 도착했다. 패스포트에는 객사 입구에 있는 김밥집에 스탬프함이 있다고 안내되어 있었다. 그런데 김밥집과 주변을 아무리 찾아봐도 스탬프함을 찾지 못했다. 이른 아침이라 문도 안 열어서 물어볼 사람도 없었다. 얼마 전 먼저 지나간 전대표에게 전화를 걸어 스탬프함의 위치를 물었다. 자기도 거기서 찍었다고 김밥집 앞을 잘 찾아보라고 그러는데 아무리 살펴봐도 보이질 않았다. 일단 팽성읍객사부터 살펴봐야겠다는 생각에 객사로 갔는데 이곳도 코로나의 영향인지 아직 오픈시간이 안 되었는지 잠겨있었다. 담벼락 밖에서 객사 사진을 몇 장 찍었다.

객사 담장 옆에는 관리사무소와 화장실이 있어서 화장실을 다녀

---

50 1488년(성종 19)에 지었으며 2번의 수리를 거쳤다. 객사는 중대청, 동·서헌이 각각 3칸씩 있으며 중대청에는 왕을 상징하는 전패殿牌를 모시고 관리들이 망궐례를 행하던 곳이고 동·서헌은 다른 지방에서 온 관리들이 머물던 숙소로 사용되었다. 일제강점기 때는 양조장으로 바뀌었다가 주택으로 사용되었는데 1994년 해체·수리하면서 옛 모습을 되찾게 되었다.

와야겠다는 생각에 그쪽으로 발길을 옮겼다. 그런데 그 건물 한 귀퉁이에 빨간색 편지함 같은 것이 보였다. 혹시나 하는 마음에 다가가니 7-1번 스탬프함이 그곳에 있었다. 단 며칠 사이에 스탬프함이 옮겨졌는데 패스포트에는 그 내용을 반영하지 못한 것이다. 집 나간 자식을 찾은 것 같은 기쁜 마음에 패스포트에 스탬프를 찍었다.

> 평택현 이내은손의 집에 이르니, 대접이 매우 은근하였다. 자는 방
> 이 매우 좁고 불까지 때서 땀을 흘렸다.[51]

이순신이 하룻밤을 묵은 이내은손 집 위치가 어딘지는 기록에 남아있는 게 없다. 팽성읍객사에서 아산으로 가는 길 어딘가에 위치했을 것이다. 집 주인인 이내은손은 비록 좁고 보잘 것 없는 방이지만 이순신을 위해 불까지 때주며 따뜻한 곳에서 하룻밤을 묵을 수 있도록 세심한 배려를 해준 것만은 틀림없는 사실이다. 아침 일찍 수원부에서 출발했으니 팽성읍객사에는 늦은 오후에 도착했을 것이다. 이순신은 왜 팽성객사에 묵지 않고 이내은손의 집에서 하룻밤을 머물렀을까? 이건 대세를 좌지우지할 큰 문제가 아니니 무슨 사연이 있었겠지라고 가볍게 넘어갔다.

팽성읍객사를 뒤로하고 송화로를 따라 걸었다. 송화사거리에서 사거리길로 방향을 바꿔 조금 걸어가니 갑자기 도심 풍경은 사라지

---

51 석오문화재단, 앞의 책, 2023, p.349 (1597. 4. 4)

고 드넓은 논이 펼쳐졌다. 논두렁은 흙길이었지만 가운데 큰 도로는 콘크리트로 포장이 되어 있었다. 요즘은 농사지을 때 기계를 많이 사용하니 1톤 트럭과 각종 농기구들이 이동하기 쉽도록 가운데 길을 포장한 것 같았다. 도심에서는 볼 수 없는 푸르른 벼들이 바람에 살랑살랑 흔들리는 모습을 보니 걷는 발걸음도 여유로움이 생겼다. 푸르른 벼들 사이에 지난 태풍 때 바람의 무게를 이기지 못한 벼들이 군데군데 쓰러져 있었다. 쓰러진 벼들은 빨리 세워줘야 제대로 수확을 할 수 있는데 일손이 부족해서 세울 엄두를 못내는 것 같아 안타까운 마음이 들었다.

콧노래를 흥얼거리며 걷다보니 길 끝자락에 현대식 건물이 우뚝 솟아 있었다. '논 가운데 건물이 서있는 건 뭐지?'라는 생각이 들었는데 가는 방향이니 지나가면서 보기로 했다. 가까이 가니 아이들의 영어노래 소리가 들렸다. 그 건물은 영어유치원이었다. 영어유치원이 논밭 끝자락에 있다니 그저 놀라울 따름이었다. 모퉁이에 있는 공장 건물을 돌아서 영어유치원이 있는 이유를 알 수 있었다. 이곳은 아산테크노밸리로 개발된 신도시 아파트 단지가 있는 곳이었다. 모든 아파트단지 이름에 테크노밸리가 들어가 있고 심지어 학교 이름도 아산테크노중학교다. 이곳에 사는 아이들이 다니는 유치원이라 생각하니 위치는 잘 선정한 듯하다.

아산테크노단지를 지나 길을 건너니 담벼락에 US Village라는 이정표가 붙어 있었다. 순간 인근에 미군부대가 있으니 '미군들의 관사인가!' 하는 생각이 들었다. '백의종군길을 가려면 이 마을을 관통해

아산 운교리 126번길 백의종군길 이정표

서 가야 하는데 관사라면 못 들어가는 거 아닌가?' 하는 생각도 들었다. 그런데 가만히 보니 단지 들어가는데 게이트도 없고 누구나 들어갈 수 있어서 마을을 가로질러 예정된 코스로 갔는데 나중에 알고 보니 미군 관사가 아니라 미군이나 군속을 대상으로 임대를 하려고 서구풍으로 집을 지은 임대마을이었다.

US Village를 지나 운교리 126번길을 걷다보니 이순신 백의종군 보존회에서 세운 '백의종군길' 표지석이 보였다. 백의종군길을 나선 후 처음 보는 이정표였다. 이런 이정표는 현충사까지 가는 곳곳에서 볼 수 있어 이곳이 아산이라는 걸 알 수 있었다.

관대초등학교 운동장 한가운데 이순신동상을 보았다. 잠시 들어가 보려 했는데 정문 앞에 코로나로 외부인의 출입을 금한다는 커다란 경고판이 있어서 들어가지는 못하고 멀리서 바라만 봤다. 동상을 보며 전국에 이순신장군 동상이 몇 개나 있을까? 하는 질문을 해봤다. 학교에 있는 동상까지 다 파악이 안 되었을 거니까 모른다가 답이겠지. 관대초등학교를 지나 큰 도로로 나왔다. 큰 길 사거리(신전사거리)에서 어디로 가야하는지 잠시 방향을 잃었다. 이럴 때는 지도를 꺼내 큰 그림으로 전체를 보면서 방향을 잡아야 제대로 길을 찾을 수 있다. 사거리에서 좌회전해서 45번 국도를 따라가야 목표에 도달할 수 있었다. 45번 국도는 고속도로에 준한 길이라 차량들이 속도를 내서 달리는데 사람이 편안한 마음으로 안전하게 걸어갈 보도는 없었다. 잠시 서서 우회할 수 있는 길이 있는지를 찾아봤지만 선택의 여지가 없었다. 45번 국도를 따라 최대한 도로 바깥쪽으로 붙어서 조심조심 걸었다.

45번 도로에 들어서 한동안은 엄청 긴장해서 온 신경이 뒤에서 오는 차량의 소리에 가 있었다. 시간이 조금 지나니 내 마음 속에서 "뭐 별일 있겠어? 차가 나를 보고 조심해서 가겠지" 하는 속삭임이 들려왔고 이내 긴장감은 무뎌졌다. 우리 일상에서도 이런 일이 흔하게 일어난다. 조직에서 위기라고 하면 처음에는 모두 긴장하고 혹시 모를 일에 대비하지만 아무 일도 일어나지 않고 지나가면 별일도 아닌데 유난을 떨었다는 생각이 든다. 그러다 유사한 일이 한 번 두 번 반복되다보면 위기 불감증에 걸려 다시 위기가 온다고 했을 때 형식적으로 대비하는 시늉을 한다. 전조증상이 나타나도 별일 있겠어 하며 무대응으로 일관하다 진짜 큰일을 당하게 된다.

사람이 안 다니면 사라지는 길

긴장감을 늦추지 않고 45번 국도를 따라 걷다가 음봉면사무소로 가는 갓길로 들어섰다. 역시 갓길은 차도 없고 사람도 없어서 사색하며 걷기에 좋았다. 드디어 8번 스탬프함이 있는 이순신 묘소 입구에 도착했다. 묘소는 대대적인 보수공사를 하느라 폐쇄되어 있었다. 아쉬운 마음을 뒤로하고 입구 관리사무소에 있는 스탬프함에서 도장만 찍고 뒤돌아 나왔다. 엄밀하게 말하면 묘소는 백의종군 시 이순신이 지나갔던 길은 아니다. 그래서 다음 패스포트 제작할 때는 아산 현충사로 바로 가는 길로 안내하고 이순신 묘소와 위충암[52]은 별도의 답사길로 표기하면 좋겠다는 생각이 들었다.

이순신 묘소와 위충암을 돌아 음봉천을 따라 나있는 충무로 676번길을 걸었다. 여기도 논밭 주변의 좁은 도로인데 사람들이 잘 다니지 않는 곳이라서 정상적으로 걷기 힘들 정도로 잡초가 우거졌다. 등산 스틱으로 잡초들을 쳐내면서 천천히 걸었다. 환경이 빨리 걷기 힘든데 마음만 앞선다고 빨리 갈 수 있는 것도 아니니 상황에 맞춰서 한 걸음 한걸음 나가면 된다. 뒤로 후퇴하지 않고 나가다보면 결국엔 목표에 도달하게 되어 있으니까.

충무로 676번길에서 다시 45번 국도로 나와서 통천2교를 지나 충무로 604번길로 좌회전해서 들어갔다. 승마장도 있는 조용한 시골길

---

[52] 이순신장군이 노량해전에서 순국하고 유해를 아산으로 운구한 후 1599년 2월 11일 금성산 자락에 안장할 때 이곳에서 조문객을 맞이하면서 노제를 지냈던 곳이다. 이후 아산 유생들이 이곳의 자연석을 이용해 위충암 비석을 세웠는데 정확한 건립 시기는 확인되지 않고 있다.

이었다. 조금 더 가니 윤보선[53] 대통령 묘소 안내 표지판도 있었다. 윤보선 대통령이 아산 분이시라 이곳에 안장을 했나보다. 윤대통령 묘소로 가다 동천2리 마을회관에서 우회전해 산길로 접어들었다. 패스포트 안내문에는 갈월고개와 세일고개를 넘게 되어 있었다. 고개가 아무리 험해도 태백산맥을 넘는 정도는 아니니 미리 겁먹을 필요는 없었다. 잠시 후 나는 가던 길을 잠시 멈추고 딜레마에 빠졌다. 예전에는 동천2리에서 현충사로 갈 때 사람들이 이 길을 이용했을 것이지만 지금은 이쪽 산길을 이용하지 않고 45번 국도를 따라 자동차로 이동하니 길이 없어졌다. 길이란 사람이 다니기 위해 만든 것이기에 사람이 다니지 않으면 그 길도 사라지는 특성이 있다. 내 앞에 그런 현실이 놓여있다. 한여름이 지나면서 무성하게 자란 수풀이 그나마 남아 있던 흔적도 덮어버려 사람의 발자취가 하나도 보이지 않았다. 어디로 가야하는가?

핸드폰을 꺼내 나침반과 지도를 펼쳐놓고 현재의 위치와 앞으로 가야할 곳을 비교하며 방향을 잡았다. 방향을 잡고 나침반을 보면서 조금씩 앞으로 나갔다. 어느 정도 나가니 반대편 숲 사이로 지붕이 보이기 시작했다. 제대로 방향을 잡아서 다행이다. 수풀을 헤치고 나오니 집이 몇 채 보였고 거기서부터는 콘크리트로 포장된 도로가 나왔다. 이제 길을 따라가면 되겠구나 생각하고 열심히 걸었다. 어느 정도 가다가 잠시 멈췄다. 길이 두 갈래로 갈리는 곳인데 핸드폰으로 지도를 열고 아무리 봐도 그 길이 그 길 같았다. 잠시 주변을 두리번거리

---

53 1897년 8월 26일 아산 출생, 호는 해위海葦이다. 1960년 8월 13일부터 1962년 3월 23일까지 대한민국 제4대 대통령을 역임하였다.

현충사 주차장에 있는 이순신 어록비

는데 한 중년남자가 경운기를 몰고 지나가다 나를 보더니 묻지도 않고 말없이 손을 들어 한쪽 방향을 가리키고는 가던 길을 계속 갔다. 백의종군길을 걷는 다른 사람들도 많이 고민했던 곳인 듯했다. 현지인이 알려준 길이니 제대로 된 길이라 생각하고 열심히 걸었다. 이정표가 현충사를 향해 제대로 가고 있음을 알려줬다. 목표에 거의 다다랐는데 산을 오르락 내리락 했더니 다리도 아프고 조금 쉬었다 가려 했지만 쉴 만한 곳이 없었다. 버스정류장도 없고 그늘을 만들어주는 건물도 없었다. 여기서 제대로 쉴 곳을 찾는 것은 사치라는 생각이 들었다. 도로 한 쪽에 털퍼덕 앉아서 신발을 벗고 발바닥을 주물러주니 피로가 싸악 가시는 듯했다.

짧은 휴식에 발마사지까지 해줬더니 피로가 풀리고 에너지가 쑤욱 올라가 다리에 힘이 돌아왔다. 주간보호센터에서 우회전해서 송곡길 68번길로 들어섰다. 좌우로 하늘을 향해 쭈욱 뻗은 가로수들이 따가운 햇살을 가려줘서 편안하게 걸을 수 있었다.

멀리 아파트 단지가 보였고 버스가 회차하는 것도 보였다. 시내버스가 저 아파트 단지까지 운행하는 것 같았다. 아파트를 지나 현충사로 가는 뒷길인 현충사길 93번길로 들어섰다. 충무교육원을 지나 현충사 주차장 쪽문을 통해 주차장으로 들어갔다.

집에 돌아왔으나 금의환향이 아닌 죄인의 신분으로 와서 마음이 무거웠던 이순신을 생각하며 경내를 한 바퀴 둘러보았다. 경내를 둘러본 후 주차장으로 나왔다. 잔디밭에는 어머니 몇 분이 아이들과 함께 편안하게 피크닉을 즐기고 계셨다.

> 저물어 집에 이르러 장인 장모님의 신위神位 앞에서 절하고 바로 작
> 은 형수와 여필의 부인인 제수의 제사를 올렸다. 잠자리에 들었으
> 나 마음이 편치 않았다.[54]

주차장 한쪽 끝에 명량해전을 앞두고 군사들에게 외쳤던 필사즉생 필생즉사必死則生 必生則死가 새겨진 비석이 서있었다. 그 비석 문구에는 칠천량해전에서 궤멸한 수군을 재건하던 중 수군을 폐하고 육지에서 싸우라는 선조 임금의 명령에도 바다를 포기하지 않았던 이순신의 간절한 마음이 담겨져 있다. 죽기를 각오하고 압도적으로 많은 왜군을 맞아 나라의 흥망을 걸고 싸웠던 그의 간절한 마음을 다시 한번 되뇌며 사진을 찍었다. 사진을 찍고 현충사 주차장 안내소에 비치된 스탬프함에서 8번 스탬프를 꺼내 패스포트에 찍고 오늘의 일정을 마쳤다.

---

54 석오문화재단, 앞의 책, 2023, p.349 (1597. 4. 5)

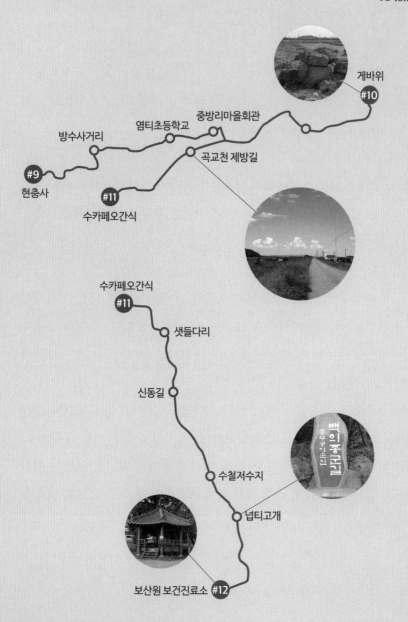

게바위
#10

중방리마을회관
염티초등학교
방수사거리
곡교천 제방길
#9
현충사
#11
수카페오간식

수카페오간식
#11
샛들다리

신동길

수철저수지

넙티고개

보산원 보건진료소 #12

백의종군길 답사 5일차,
기쁨이 하늘이 무너지는 슬픔이 되어

4월 3일 한성을 출발한 이순신은 5일 아산에 도착한다. 도착하자마자 선조의 사당에 가서 곡을 하고 해 질 무렵 본가[55]에 도착하여 장인과 장모님의 신위에 절했다. 이후 12일까지 친지, 지인 등을 만나서 술도 마시고 돌아가신 숙부를 위해 상복을 입고 곡을 하는 등 평범한 일상을 보냈다.

> 새벽에 꿈이 몹시 심란하여 마음이 매우 언짢았다. 덕이를 불러 대강 이야기하고 또 아들 울에게 이야기하였다. 마음이 매우 언짢아서 취한 듯 미친 듯 마음을 걷잡을 수가 없으니 이것은 무슨 징조인가. 병드신 어머님을 생각하며 눈물이 흐르는 것을 깨닫지 못하였다.[56]

---

55 이순신 본가로 알려진 집은 현충사 내에 위치해 있다. 이 집은 장인 방진의 집이었다. 방진의 딸과 결혼한 이순신은 장인의 집에서 생활을 하면서 무과 준비를 했다.

56 석오문화재단, 앞의 책, 2023, p.350 (1597. 4. 11)

이순신이 아산에서 시간을 길게 보낸 것은 유교 문화에 따라 조상들을 모신 사당에 곡을 하고 숙부의 장례에도 참석하는 등 여러 일이 겹쳤기 때문이기도 하지만 가장 중요한 것은 아들을 보려고 여수에서 뱃길로 아산에 올라오는 어머니를 뵙기 위해 기다리는 것이었다. 어머니가 도착할 날이 다가오자 이순신은 빨리 어머니를 뵙고 싶은 다급한 마음에 꿈도 꾸었고 마음을 진정할 수 없었다. 이는 연로하신 어머니의 건강이 걱정이 되어 그런 모습을 보인 것이다.

인적 없는 곡교천 제방길

오늘은 어머니의 도착 소식을 듣고 마중나가는 이순신의 자취를 따라가는 하루가 된다. 백의종군길을 먼저 다녀오신 분의 이야기를 들으니 중간에 몇몇 식당이 있으나 모두 폐업을 했다고 했다. 현충사를 출발해 송곡길을 따라 걷는데 편의점이 하나 보였다. 중간에 식당이 없으니 오늘 점심은 간편하게 먹어야겠다는 생각으로 편의점에 들어가 물과 빵 그리고 아이스 커피도 한 잔 샀다. 배낭에 넣고 짊어지니 무게가 제법 나갔다. 도심에서 걷는 여정이면 사지 않았을 것이다. 하지만 오늘 여정을 걷기 위해서는 없어서는 안 될 소중한 것들이라 기꺼이 짊어지고 길을 나섰다.

방수사거리를 지나 염치로로 접어들었다. 편도 1차로의 좁은 시골길로 보도가 따로 없어서 걷는 사람들에게는 좀 위험하고 불편한 길이었지만 차도 거의 다니지 않아서 끊임없이 사색을 하면서 걸을 수 있었다. 염치로를 따라 걷다보니 학교가 눈에 띄었는데 이름이 염티 초등학교라 잠시 의아한 생각이 들었다. 보통 초등학교는 학교 소재 지 지명을 따서 붙이는 게 일반적인데 염치읍에 있는 초등학교 이름 이 염티초등학교다. 여기에 어떤 이유가 있을까? 학교 입구에 어떤 설 명도 없어서 이유를 알 수는 없었지만 아산에 있는 학교답게 운동장 중앙에 황금색 이순신 동상이 있었다. 아산에 있는 학교는 모두 이순 신 동상이 있는 듯했다. 학교를 지나 624번 지방도로로 진입했다. 그 나마 이곳은 한쪽에 인도가 있어서 조금 여유롭게 걷기를 할 수 있었 다. 중방리마을회관을 지나 골중뱅이 정류소에서 좌회전해서 농로를 경유해서 곡교천 제방길로 접어들었다. 이제 왼쪽으로 곡교천을 끼 고 제방길을 따라 쭉 가면 게바위가 나온다.

> 일찍 아침을 먹고 어머님을 마중하려고 바닷가로 가는 길에 홍찰방
> 의 집에 잠깐 들러 이야기하는 동안 울이 종 애수를 보내서 말하기
> 를 "아직 배가 도착했다는 소식이 없다."라고 했다.[57]

어머니를 끔찍이 존경하는 이순신은 이날 어머니를 만날 생각에 마음이 설레었다. 어머니가 언제 나루에 도착할지 궁금한 이순신은 가만히 있지 못하고 배가 도착했는지 알아보라며 사람을 보냈다. 배 가 아직 도착하지 않았다는 기별에도 이순신은 설레는 마음으로 곡 교천을 따라 포구로 달려갔다. 이순신이 달려갔던 곡교천 제방길을

---

[57] 석오문화재단, 앞의 책, 2023, p.350 (1597. 4. 13)

곡교천 제방길

걸으면서 본 하늘은 흰구름과 어울려 그 푸르름을 더해주었다.

어머니를 맞이하러 나루로 달려가는 이순신의 마음도 푸르름 가
득한 저 하늘처럼 기쁨으로 가득했을 것이다. 그런 그의 마음이 천둥
과 번개가 치는 암흑의 하늘로 순식간에 바뀌었다.

> 조금 있다가 종 순화가 배에서 와서 어머님의 부음을 알린다. 뛰쳐
> 나가 가슴을 치며 발을 구르니 하늘의 해조차 캄캄하다.[58]

어머니의 부음 소식을 전해들은 이순신은 하늘이 무너지는 것과
같은 슬픔 앞에 어찌할 바를 몰랐다. 그저 가슴을 치고 발을 구르며
슬퍼했다. 조금 전까지 푸르른 희망 속에 걸었던 길이 암흑의 길로 변
했다. 수량은 풍부하지 않지만 폭이 넓은 편인 곡교천은 당시 이순신

---

58 석오문화재단, 앞의 책, 2023, p.351 (1597. 4. 13)

의 아픔을 고스란히 간직한 채 오늘도 무심하게 흐르고 있었다.

곡교천 제방길은 차 한 대는 여유롭게 다닐 정도로 넓었지만 이따금 자전거를 타고 가는 분들만 보일 정도로 한가하고 변화가 없는 아주 지루한 길이었다. 언제쯤 게바위[59]가 나올지 이정표도 없고 수많은 농로 중 어디쯤에서 나가야하는지 알 수도 없었다. 그냥 핸드폰 지도에 의지해서 계속 걸었다. 한참을 걷다보니 저 멀리 게바위가 보였다. 한걸음에 달려갔더니 공사가 한창이었다. 게바위를 사람들이 잘 찾도록 도움을 주는 공사였으면 좋겠다는 생각을 잠시 해봤다.

어머니의 주검을 맞이한 게바위, 해암리에 있다.

---

59 아산시 인주면 해암리에 있는 바위다. 이곳은 이순신의 어머니 초계 변씨가 정유재란 발발 시 한성으로 압송된 이순신 장군을 만나려고 여수 고음내에서 배를 타고 오다가 배에서 돌아가시고 도착하였던 곳이다. 1979년 삽교천 방조제가 조성되기 전까지는 게바위 주변까지 바닷물이 들어왔으며 해암1리 마을 쪽에 배가 정박하던 나루가 있었다. 게바위는 아산시 향토문화유산 제12호로 지정되어있다.

눈물로 어머니의 주검을 맞이한 게바위

> 곧 해암으로 달려가니 배는 벌써 와 있었다. 길에서 바라보며 통곡
> 하고 찢어지는 아픔을 이루 다 적을 수가 없다.[60]

어머니의 부음 소식을 듣고 게바위로 달려온 이순신의 마음이 얼
마나 슬펐으면 다 적을 수 없다고 했을까? 잠시 게바위 앞에서 어머
니의 시신을 부여잡고 통곡하는 이순신의 모습을 상상하며 묵념을
하였다. 게바위 주변 공사현장을 둘러보고 10번 스탬프를 찍은 후 다
시 현충사를 향해 발걸음을 옮겼다.

> 배를 끌어 중방포[61]에 옮겨 대어 영구를 상여에 싣고 집으로
> 돌아왔다. 마을을 바라보고 통곡하며 찢어지는 아픔을 어떻게
> 다 말하랴.[62]

이순신은 하늘이 무너지는 슬픔을 억누르며 중방포에서 어머니의
시신을 상여에 옮겨 육로로 집으로 운구했다. 나도 그 길을 다시 걸으며
이런 저런 생각을 해봤다. 무엇이 이순신을 그런 슬픔 속에서도 포기하
지 않고 자신의 길을 갈 수 있게 만들었을까? 아무리 생각해봐도 답이
나오지 않았다. 아마도 유교문화에 기반을 두고 어릴 적부터 어머니의

---

60 석오문화재단, 앞의 책, 2023, p.351 (1597. 4. 13)
61 아산시 염치읍 중방리(골중뱅이 버스 정류소 부근)로 추정되나 정확한 위치는 고증이 필요
   하다.
62 석오문화재단, 앞의 책, 2023, p.351 (1597. 4. 16)

영향으로 나라와 백성에 대한 사랑과 자신의 소임을 다해야한다는 생각이 힘한 시기를 견디게 해준 게 아닐까 하는 생각을 해봤다.

　오는 도중 제방길 한쪽에 퍼질러 앉아 아침에 준비한 빵과 음료로 점심을 먹었다. 이순신 정신을 따라서 걷는데 고급스런 식당이 아니라 길바닥에 앉아서 식사를 하면 또 어떤가? 식사후 조금 더 걸어서 마침내 11번 스탬프함이 있는 곳에 도착했다. 패스포트엔 '창제귀 선빵카페'라고 되어있는데 그 사이 애견카페로 가게가 바뀌었다. 날이 더우니까 손님들이 모두 카페 안에 있었다. 잠시 신발을 벗고 발바닥 자극을 해서 피로를 풀어주려 야외테라스에 혼자 앉았다. 시원한 그늘이 드리워진 야외테라스에서 아이스커피 한 잔을 마시며 발바닥 마사지를 해주니 에너지 보충이 되고 피로가 풀렸다.

　야외 테라스에 가게에서 키우는 웰시코기가 다가와 애교를 부린다. 이놈은 사람과 무척 교감을 잘하는 놈인 듯했다. 그 녀석과 잠시 눈을 마주치며 놀아주니 에너지 지수가 더 높아져 좀 더 걸을 수 있을

아산 곡교천 은행나무길

것 같았다. 패스포트안내에는 현충사에서 게바위까지 갔다 오는 약 34㎞ 코스를 하루 코스로 잡고 있다. 아침 일찍 출발했고 시간도 남고 체력도 남아 보산원 초등학교까지 더 걷기로 했다. 카페를 출발해서 은행나무길의 나무그늘을 따라서 다음 목적지로 향했다.

장례도 치르지 못하고 떠나는 이순신

> 일찍 길을 떠나며 어머님 영전에 울며 하직하였다. 어찌하랴 어찌
> 하랴! 천지간에 어찌 나와 같은 사정이 있을 것인가. 어서 죽는 것
> 만 같지 못하구나.[63]

어머니의 시신을 집으로 모시고 온 다음날(4월 17일) 금오랑의 서리가 백의종군길을 어서 가자고 재촉했다. 나라의 죄인 신분으로 어머니의 장례도 제대로 치르지 못하는 신세를 이순신은 한탄했다. 4월 19일 길을 나서며 어머니 영전에 하직 인사를 한 이순신은 '천지에 나 같은 운명이 어디 또 있으랴!' 하며 답답한 마음을 난중일기에 기록했다. 아들 회와 면, 조카 봉과 해, 분과 완이 상심한 이순신을 걱정하여 보산원까지 동행했다.

은행나무길 끝자락에 곡교천을 건널 수 있는 다리가 있었다. 곡교천을 건너 상류방향으로 올라가다 샛들다리를 건너 오른쪽으로 흐르

---

63 석오문화재단, 앞의 책, 2023, p.352 (1597. 4. 19)

인적 없는 아산 솔치로

는 온양천 제방길로 들어섰다. 제방길 오른편에 있는 가로수는 제법 커서 따가운 석양빛을 가려줬고 산들산들 부는 바람은 이마에 흐르는 땀을 닦아줬다. 온양천을 걷다보니 최신 빌라단지 공사가 한창이었다. '이곳에 입주하는 사람들은 이 길이 아주 먼 옛날 이순신이 백의종군하며 지나가던 길이라는 것을 알까?' 하는 생각을 해봤다. 온양천을 따라 걷다 금곡교에서 배방역 방향으로 방향을 바꾼 후 남양육교를 지나자마자 오른쪽으로 방향을 바꿔 신흥길로 들어섰다. 이후 신흥리 마을회관을 지나 솔치로를 거쳐 고불로와 만날 때까지는 가끔 소를 키우는 농장이 드문드문 나왔고 지나가는 사람이나 차도 없는 한적한 시골길을 걸었다.

솔치로를 나와 623번 지방도로(고불로)로 들어서니 길 한쪽에 '진북대장'과 '방어대장'의 돌장승이 서있었다. 돌장승은 흔한 것이 아니라 신기했는데 이름에 대한 설명이 없어서 아쉬웠다. 천하대장군, 지하여장군과 같은 성격인지 아니면 돌하르방과 같은 것인지 궁금증만

더했다. 어디 알아볼 방법이 없어서 그냥 사진이나 한 장 찍고 발걸음을 돌렸다.

고불로로 나와 조금 걸어가니 수철저수지가 나왔다. 규모가 좀 있는 저수지였는데 코로나의 영향인지 낚시하는 사람이 거의 없었다. 낚시가 취미는 아니지만 이런 한적한 곳에 낚시대를 드리우고 혼자서 유유자적하거나 마음에 맞는 사람들과 함께 와서 왁자지껄하며 떠들고 웃으면 스트레스 해소에는 좋겠다는 생각을 했다. 물론 고기를 낚아야만 한다는 것에 몰입한다면 이 또한 스트레스로 작용하겠지만 말이다. 이 세상에 일방적으로 좋기만 한 것도 나쁘기만 한 것도 없다. 그 환경을 어떻게 나에게 적용하느냐의 문제일 것이다. 저수지를 지나 조금씩 경사가 나오기 시작했다. 아마도 아산과 천안 경계에 있는 넓티고개가 점점 다가오는 듯했다. 패스포트에는 고개 정상으로 가기 전에 오른쪽 산길로 빠지라고 안내되어 있고 걷기 앱에서도 그렇게 안내를 한다. 오르막이라 힘든데 더 급한 경사로 그것도 산길로 가라니… 안내를 따라 산길로 들어섰다. 버섯농장 외에는 아무것도 없는 산길을 따라 걷고 있는데 갑자기 펜스가 길을 가로막고 있었다. 순간 이걸 어떻게 넘어가야 하나 왔던 길을 다시 돌아가야 하나 몹시 당황했지만 펜스 옆으로 사람 한 명 정도 지나갈 수 있는 틈을 발견하고 그 틈으로 나갔다. 반대편에 '이 도로는 사유지로서 강절도 위험이 있으므로 부득이하게 입구 폐쇄 조치합니다.'라는 경고문이 붙어 있었다. 반대편 길에는 펜스도, 경고판도 없어서 어디서부터 사유지인지 알 수 없었다. 자칫 사유지 무단 침입으로 곤란할 뻔했다. 백의종군길 중간에 사유지가 있고 상호 협조가 안 되어 있다면 협회에서 패스포트를 만들 때 이 길로 안내하면 안 된다고 생각했다.

사유지를 나와 넙티고개 정상 직전에 이순신백의종군보존회에서 세운 '백의종군길 비석'과 '넙티고개' 시비가 있었다. 백의종군 당시 어머니의 장례도 제대로 치르지 못하고 이 고개를 넘는 이순신장군의 아픈 마음과 후대가 그를 숭모하는 내용이었다.

넙티고개

(한유자)

하늘이 무너지고 땅이 꺼지는 아픔으로
돌아올 기약 없는 이 고개를 님은 가셨지만
우리 가슴엔 우국충정 피고지고 지고피고

넙티고개 정상에 천안시 광덕면 이정표가 나를 반겨줬다. 오늘 좀 무리해서 걸었더니 마지막 3㎞는 다리가 천근만근이라는 표현이 딱 어울렸다. '내가 왜 더 걷겠다고 했을까'라는 말을 연신 내뱉으면서 겨우 보산원초등학교에 도착했다. 초등학교 앞 보건소 정자에 12번 스탬프함이 있었다.

패스포트에 12번 스탬프를 찍었다. 다음 목적지는 정안면행정복지센터까지 가는 여정이었다. 정안까지 가는 코스는 중간에 개치고개를 넘어야 하는데 해도 곧 저물 것이고 야간 산행 장비도 없는데 밤에 고개를 혼자 넘는다는 것은 너무 위험한 일이라 오늘의 여정은 여기서 마치기로 했다.

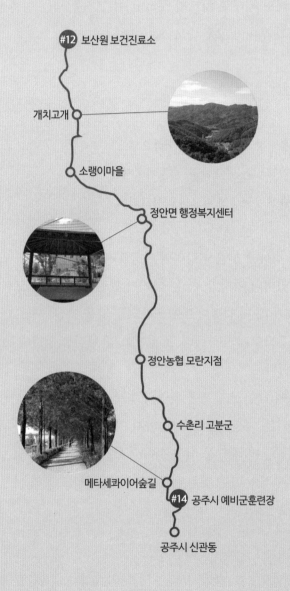

#12 보산원 보건진료소

개치고개

소랭이마을

정안면 행정복지센터

정안농협 모란지점

수촌리 고분군

메타세콰이어숲길

#14 공주시 예비군훈련장

공주시 신관동

백의종군길 답사 6일차,
길을 잃으면 방향을 먼저 찾아야

그 길로 보산원에 이르니, 천안군수가 먼저 와 말에서 내려 냇가에
서 쉬고 있었고 임천군수 한술이 서울에 올라가면서 앞길을 지나다
가 나의 일행이 있다는 말을 듣고 들어와서 조문하고 갔다.[64]

아침에 보산원 보건소 앞에서 정안행정복지센터를 향해 출발했
다. 출발하고 바로 풍서천과 지장천이 만나는 지점에 놓인 왕승교를
건넜다. 한동안 비가 내리지 않아서인지 수량이 아주 적었다. 난중일
기에 기록된 것처럼 이순신은 이 근처 어디선가 잠시 쉬면서 지인들
을 만난 후 다음 여정을 준비했을 것이다.

왕승교를 지나 지장길로 들어섰다. 인도가 없는 도로지만 한적한
시골길로 오가는 차가 거의 없으니 편안한 마음으로 주변의 푸르름

---

64 석오문화재단, 앞의 책, 2023, p.352 (1597. 4. 19)

이순신이 쉬었을 것으로 추정되는 보산원 풍서천

을 눈에 마음껏 담으며 걸었다. 잠시 뒤 덤프트럭이 뭔가를 가득 싣고 빠르게 옆을 지나갔다. 덤프트럭을 보는 순간 정신 바짝 차려야겠다는 생각을 하고 도로 바깥쪽으로 더 붙어서 걸었다. 이 골짜기에 뭔 덤프트럭이 이렇게 많이 다니지 하는 의구심을 가졌다. 조금 더 가니 산이 깎여나갔고 콘크리트 기둥을 만드는 작업을 하고 있는 현장이 나타났다. 임시 숙소 같은 건물이 나왔는데 그 옆에 왕승지구 다목적 농촌용수개발사업이라는 팻말이 붙어 있었다. 농업용수 확보를 하는 공사인 듯했다. 필요에 의해서 공사가 진행되는 거겠지만 산허리가 잘려나가고 무성했던 나무가 모두 베어져 헐벗은 모습으로 있는 것이 결코 좋아 보이지는 않았다.

길을 잃고 헤맨 개치고개를 넘어 정안 도착

공사현장을 지나 길 한쪽에 커다란 나무가 보였다. 나무는 가까이에서는 그 자태를 보기 어렵고 멀리서 봐야 제대로 볼 수 있을 정도로 웅장했다. 안내판에는 나무 높이가 14m, 수령 210년인 느티나무로 보호수로 지정되었다고 설명되어 있었다. 보호수를 지나니 사찰 이정표가 보였다. 지도에는 사찰이 있는 곳까지 가서 오른편 산길로 들어서는 것으로 되어있었다. 길 한편에는 경고문이 붙어 있어서 읽어봤다. 산림법에 의거 이 지역은 특수개발지역으로 사전 허가 없이 아래 행위를 할 수 없다고 크게 표시되어 있었다. 그런데 그 첫 번째 항목이 무단 입산이었다. 내가 넘어가려는 개치 고개로 가는 길도 이 범주에 속하는 건가? 잠시 헷갈렸다. 일반 고갯길인데 거기는 아닐 것이라 생각하고 길을 재촉했다. 사찰이 있는 곳에 도착해서 오른쪽 길로 들어서니 콘크리트로 포장되어 있었지만 차량 한 대가 겨우 다닐 수 있는 좁은 산길이 나타났다.

산길을 따라 한 600m쯤 가니 마침내 도로가 끊겼다. 직진을 하니 얼마 못 가서 바리케이드가 놓여있고 사유지라는 경고 문구가 붙어 있었다. 핸드폰을 꺼내 지도를 펼쳐보니 내가 백의종군길 경로에서 이탈되어 있었다. 다시 오던 길을 되돌아서 약간 갈림길 같은 느낌이 있는 곳으로 조금 올라가니 예전 사람이 다녔던 흔적이 희미하게 남아 있는 길이 나왔다. 그 길을 조금 따라가니 멀리 나뭇가지에 한국걷기연맹의 빨간 리본이 걸려있는 것이 보였다. 내가 길을 제대로 찾아온 것이다. 한국걷기연맹에서 중간중간에 리본을 매달아 백의종군길 걷는 사람들에게 길을 안내하는 수고를 해준다. 누군가의 수고가 미지의 낯선 길을 가는 사람에게는 큰 도움이 되었다.

고개 정상으로 올라 가면 갈수록 길은 좁아졌고 경사는 가팔라졌다. 나는 수풀을 헤치고 쓰러진 나무 밑을 기어서 통과하면서 조금씩 정상을 향해 갔다. 산을 오르면서 과연 이 길이 백의종군길이 맞을까 하는 의구심이 생겼다. 난중일기에 이순신은 말을 타고 이동했는데 이 가파른 산길을 말이 넘을 수 있을까? 잠시 생각하니 길이란 사람이 다녀야 유지가 되는 것이다. 이 산길은 대도시 주변의 등산로도 아니고 현재 보산원에서 정안을 오가기 위해 꼭 가야 하는 길도 아니다. 우회하는 도로가 생겼고 사람들이 차를 타고 다니니 지금은 사람들의 왕래가 거의 없는 잊혀진 길이 되었다. 사람의 왕래가 없으니 길은 풀로 뒤덮였고 썩은 나무가 쓰러져 길을 막고 있었으며 사람이 다닌 흔적도 찾기가 어려웠다. 집도 사람이 살아야 노후화가 더디게 되고 사람이 살지 않으면 빠르게 망가지는 이치와 같았다. 힘들게 옛길의 자취를 찾아서 산마루까지 올라왔다.

반대편 아래에 보이는 건물 쪽으로 내려가면 정안으로 가는 도로와 만날 수 있다. 문제는 어디로 내려가야 하는지 길을 찾을 수 없었다. 능선을 따라가다 보니 다시 오르막길이 나왔다. 지도를 꺼내서 세밀하게 봐도 산마루라 거기가 거기인 듯했다. 정확한 길을 찾기 위해 다시 조금 전에 출발했던 정상으로 돌아왔다. 출발 전에 한국걷기협회에 문의했을 땐 정상에서 흰색 로프를 찾아서 그 로프를 타고 조금 내려가면 길이 나온다고 했는데 로프를 찾을 수 없었다. 능선을 따라

개치고개 정상에서 바라본 정안

왔다 갔다를 몇 번 하다가 길을 제대로 찾기 위해선 먼저 방향을 제대로 찾아야한다는 생각이 들었다. 내려가야 하는 방향 쪽을 살피니 아래쪽 조금 먼 곳에 길이 난 것을 발견했다. 그런데 그곳까지 어떻게 가야 할지 난감했다. 자세히 주변을 살피니 한 사람이 겨우 지나갈 수 있을 정도로 아주 좁았고 바로 옆이 낭떠러지라 매우 위험해 보이는 곳으로 사람이 걸어갔던 자국을 발견했다. 몸을 최대한 낮추고 한 걸음 한 걸음 조심스럽게 앞으로 나갔다. 사람이 원래 사족보행을 하지 않았을까 하는 생각이 들 정도로 온몸을 땅에 최대한 붙이고 천천히 앞으로 나갔다. 낭떠러지를 무사히 지나서 정안으로 내려가는 길에 도착했다. 이제 발을 헛디뎌도 떨어질 위험이 없어지니 긴장이 풀렸다. 개치고개는 지형이 험난해서 넘기 힘든 게 아니라 제대로 된 길을 찾는 게 어려워서 넘기가 힘들었다. 물론 안전에 위험을 초래하는 구간도 있었다. 잠시 흐르는 땀을 닦으면서 이 길이 백의종군길이 정확하다면 이정표라도 제대로 세워서 사람들이 나처럼 헤매지는 않도록 해주거나 조금 더 안전하게 개치고개를 넘을 수 있도록 다른 길을 만들었으면 어떨까 하는 생각도 해봤다. 천천히 내리막길을 내려오는데 비록 비포장도로지만 소형 트럭이 다닐 정도로 조성된 길과 만났다. 산 중턱까지 왜 이런 도로가 나있을까 궁금했는데 금방 답을 찾을 수 있었다. 개치고개를 넘어 정안쪽 산기슭은 온통 밤나무가 심어져있었다. 그 밤을 수확하고 옮기기 위해 길을 만든 것이다. 정안알밤은 그냥 유명해진 게 아니었다.

호젓한 산길을 지나 동명 석재 비석이 있는 곳에서 보산원에서 정안을 연결해주는 604번 지방도로인 정안마곡사로에 들어섰다. 이 도로가 개통된 후 사람들은 보산원에서 정안을 오갈 때 개치고개를 이용하지 않게 되었다. 정안천을 따라 나있는 604번 지방도로를 따라가다 광정삼거리에서 우회전해서 정안면 중심가에 들어섰다. 중심가라고 하지만 수도권에서 인파 속에서 바쁘게 돌아다니던 입장에서 보면 대단히 한가롭고 평화로운 분위기를 느낄 수 있었다. 일단 13번 스탬프함을 찾아서 정안면 행정복지센터로 직진했다. 행정복지센터 마당 한 쪽 구석에 있는 정자로 달려가니 그곳에 스탬프함이 예쁘게 걸려있었다. 또 하나의 작은 목표를 달성했다는 성취감에 행복감이 밀려왔다. 패스포트를 꺼내 확인 도장을 찍고 잠시 정자 의자에 앉아 흐르는 땀을 닦으며 쉼표 하나 찍는 시간을 가졌다.

중간 목표를 달성하니 다음 목표를 향해 도전하기 전에 끼니를 해

정안행정복지센터 정자에 있는 13번 스탬프함

결해야 했다. 문제는 개치고개를 넘으면서 길을 헤매었던 관계로 식사 시간이 지나서 정안에 도착했다는 점이다. 수도권에서야 언제 어디서나 먹고 싶은 것을 골라 먹을 수 있는데 이곳은 식사 시간이 지나면 밥을 먹기가 애매하였다. 결국 인근에 있는 하나로마트에서 음료와 먹거리를 사서 한 끼를 해결하기로 했다. 정안 하면 알밤이니 밤 관련 먹거리를 찾아보았지만 알밤이 하나도 보이지 않았다. 알밤의 고장 정안 중심가에 있는 하나로마트에서 알밤을 사 먹을 수 없다는 현실을 받아들일 수 없었다. 생각해 보니 이곳에 계신 분들은 알밤을 돈 주고 사먹을 이유가 하나도 없었고 마트에서는 사먹는 사람이 없으니 안 파는 것은 당연한 것이었다.

　하나로마트에서 빵과 캔커피를 사들고 나왔다. 어디서 먹을까 주변을 두리번두리번 거리는데 잔디광장 옆에 하얀 캔버스 같은 걸로 지붕을 덮은 공연장 비슷한 공간이 눈에 띄었다. 운동장을 가로질러 가

정안뜰 복합문화센터 야외공연장

보니 플라스틱 의자까지 있었다. 의자를 무대 앞쪽으로 가지고 와서 하나는 앉고 하나는 앞에 놓아 다리를 올려놓았다. 한쪽 발로 다른 쪽 발바닥을 툭툭 차주니 아프지만 지압이 되면서 피로가 풀리는 듯했다. 구조물의 영향인지 살랑살랑 바람도 잘 불었다. 하늘은 푸르고 흰 구름이 두둥실 떠있는 장면이 한편의 그림을 보는 듯했다. 지금까지 걸어온 백의종군길은 처음 가보는 곳이 많았다. 그 길을 걸으면서 본 자연 풍경은 푸르른 하늘, 맑은 물이 흐르는 하천, 나뭇가지에 달린 잎사귀 하나, 흙 한 줌 한 줌이 참 아름다운 나라라는 것을 느끼게 해줬다. 핸드폰에서 동영상을 열어 '저 산자락에 긴 노을 지면 걸음걸음도 살며시 달님이 오시네'로 시작되는 굿거리 장단의 크로스오버곡 '아름다운 나라'를 찾아 틀었다. 쿵더덕 쿵덕 흘러나오는 장단에 소프라노 성악가 신문희의 맑고 고운 목소리가 울려 퍼지는 가운데 빵 한 입 베어물고 커피 한 모금을 마시니 그 환상적인 맛이 대한민국 1등 카페가 부럽지 않았다.

인조가 피난가다 쉬었던 석송정

식사와 휴식을 마친 후 공주를 향해 길을 나섰다. 먼저 백의종군길을 걸었던 사람 중에는 정안면 중심지를 지나 한일고등학교쪽에서 정안교를 건너 23번 국도 옆길로 들어서는 코스로 간 사람도 있었다. 나는 농협을 지나 뒷길로 나가 어물교를 건너서 정안천과 23번 국도 사이로 나있는 좁은 길을 따라 내려갔다. 예전 사람들은 정안천 옆으로 나있는 길로 왕래하지 않았을까 하는 생각을 했다. 과거 선조들이 걸었던 길을 똑같이 걷는 것은 어려운 일이다. 우리가 백의종군길을 걷는 것은 이순신이 걸었던 길을 똑같이 걷는 데 의미가 있는 것이 아니라 길을 걸으며 그의 나라사랑 정신을 되새기는 데 더 큰 의미가 있다.

정안천 제방길을 따라 걷다가 장원보건소 앞에서 일반도로로 나와 길을 걸었다. 조금 더 가니 멀리 정안알밤휴게소 옆에 알밤유통센터가 보였다. 저기서 대부분의 알밤을 가공하고 전국에 유통시키는 것 같았다. 석송초등학교를 조금 지나 23번 국도로 들어섰다. 이곳도 보행자를 위한 길은 없어 도로 가장자리로 바짝 붙어서 갈 수밖에 없었다. 23번 국도로 접어 드니 멀리 정자가 보였다. 가까이 가보니 '석송정'[65]이라고 안내표지판이 있었다. 석송정이 역사적으로 기념할 곳이라면 사람들이 찾아올 수 있게 복원해야 했는데 단순히 건물만 복

---

65 1624년 인조가 이괄의 난을 피해 공주로 올 때 지친 어가가 잠시 쉬었다 간 곳이다. 인조가 이곳을 지날 때 지방유림이 이 지방 백성의 어려움을 호소하자 세금을 감면해 주었다고 한다. 지방 유림들은 이를 기념하기 위해 이곳에 정자를 세웠다. 현재 정자는 옛날 건물이 없어져서 1985년 복원한 것이다.

정안면 석송정

원하는 것에 그친 것이 안타까웠다. 23번 국도쪽에는 주차할 수 있는 공간이 없었고 마을을 통해서는 올 수 있는 길이 없었다. 도심 속의 섬이라고나 할까? 사람이 모이게 하는 것이 길인데 있는데도 오기 힘든 구조였다. 이 시설의 관리 주체가 어디인지 보존할 가치가 있다면 우선 올 수 있도록 만들어야 할 것이다.

23번 국도를 따라 걷다가 과적차량 검문소 직전에 차선도 없는 한적한 차령길로 들어섰다. 오인어린이집에서 좌회전하여 오인교를 건너 의당길로 들어섰다. 오인교에서 본 정안천, 정안천에 비친 가을하늘은 사진으로는 담을 수 없는 멋진 경관이었다. 아름다운 풍광에 젖어 의당길을 걷다보니 공주수촌리고분군[66] 이정표가 나왔다. 고분군이 궁금하기도 해서 잠시 들렀다 갈까 생각했지만 입구에 코로나로 임시 폐장한다는 안내가 있었다. 좋은 기회였는데 보지 못해 아쉬웠다.

얼떨결에 찾아간 공주 메타세콰이어길

수촌리고분군을 지나 의당로로 계속 걸었다. 공주종합사회복지관을
지나는데 도로 옆에 나무들이 가지런하게 심어져있는 오솔길이 보였
다. 이왕 가는 거 저 길로 한 번 가볼까 하는 생각에 그 길로 들어섰다.
꼿꼿하게 하늘을 향해 뻗어있는 아름드리 나무들이 병정들이 서있듯
질서정연하게 늘어서 있었다. 곧게 뻗은 나무의 무성한 잎들이 지는
석양 햇살을 막고 그늘을 제공해 주었다. 나중에 알고 봤더니 그곳이
공주에서 유명한 메타세콰이어 숲길이었다. 예전 방송에 자주 소개
되어 한 번 가보고 싶어 했던 곳이었는데 얼떨결에 다녀온 것이다.

공주시 메타세콰이어 숲길

---

66 한성백제 시절 공주지역 지배층들의 묘역으로 2005년 사적 제460호에 지정되었다. 여기서
는 청동기시대 주거지, 초기철기시대 토광묘, 백제시대 분묘(대형토광목곽묘, 횡혈식 석실
분, 수혈식 석곽묘) 등 고대의 다양한 시기의 유물들이 조사되었다. 백제시대 분묘는 공주지
역 백제고분 변천과정을 파악하는 자료로서 가치가 크다.

메타세콰이어숲길이 끝나는 지점부터는 정안천 고수부지에 조성해놓은 산책로가 있었는데 저물어가는 저녁 노을을 바라보며 천천히 걸었다. 산책로에서 14번 스탬프함이 있는 곳으로 가려면 의당로를 건너야했다. 산책로에서 의당로로 올라가는 길이 없었다. 길이 없으면 만들어서 올라가야 한다. 유격훈련한다 생각하고 급한 경사면을 한걸음에 내달려 도로 위로 올라왔다. 횡단보도에서 길을 건너 예비군훈련장 담 한쪽에 놓여있는 스탬프함을 찾아 패스포트에 또 하나의 도장을 찍었다. 또 한 코스를 완보했다는 성취감이 피로를 가시게 했다.

도장을 찍고 대전지방법원 공주지원을 지나 공주대학교 신관캠퍼스 후문을 통해 캠퍼스 안으로 들어왔다. 캠퍼스를 가로질러 2번 후문을 통해 공주대학로로 나왔다. 백의종군길 고증이 많이 힘들지만 굳이 대학 캠퍼스를 관통하는 코스로 길을 선정해야 했는지 조금 의아했다. 후문을 나오니 대학교 담벼락에 '대학로 역사문화거리'라는 푯말이 붙어있었다. 학교 담벼락에 1301년 고려 충렬왕 때 중등교육기관인 공주 향교가 창건된 때부터 교육기관의 변천사를 사진과 함께 기록해놓았다. 시대별로 쭈욱 보는데 교육의 도시답게 충남지역 최초의 사립학교인 공주사립소학교부터 많은 학교기관들이 이곳에 있었음을 알 수 있었다.

일신역에 이르러 잤다. 저녁에 비가 뿌렸다.[67]

아산에서 출발한 이순신은 저녁에 일신역에 도착해서 하룻밤을 묵었다. 일신역[68]의 정확한 위치는 알 수 없지만 공주대학교가 있는 신관동 인근이었다. 신관동에 도착하니 해도 지고 주변도 컴컴하여 더 이동하기도 힘들었다. 인근 숙소를 예약하고 난중일기의 이순신처럼 잠을 청했다.

---

67 석오문화재단, 앞의 책, 2023, p.352 (1597. 4. 19)
68 일신역은 공주 지역에 있던 역참(일신역, 광정역, 경천역, 단평역, 유구역, 이인역) 중 하나 였다. 역참은 중앙 관아의 공문을 지방 관아에 전달하며 외국 사신의 왕래, 공무 여행자에게 말을 제공하고 숙식을 제공하였으며, 주요 도로에 대개 30리마다 두었다.

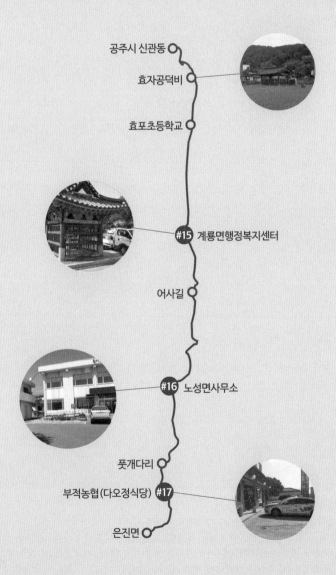

공주시 신관동

효자공덕비

효포초등학교

#15 계룡면행정복지센터

어사길

#16 노성면사무소

풋개다리

부적농협(다오정식당) #17

은진면

백의종군길 답사 7일차,
마침표가 아닌 쉼표, 힘들 땐 쉬어가라

공주 정천동에서 아침을 먹고 저녁에 이성에 닿으니 이 고을 현감이
정성껏 대접해주었다.[69]

4월 20일 난중일기는 공주를 출발해서 저녁에 이성[70]에 도착했다
는 간단한 기록만 있다. 나도 아침 동이 트기 전에 공주를 출발했다.
오늘도 점심 시간 전후로 지나가는 경로에 식사를 할 만한 식당이 없
어서 편의점에 들러 빵과 음료를 샀다. 물을 3병이나 배낭에 담았더
니 어깨를 누르는 무게가 만만치 않았다. 금강변을 따라가다 공주대
교에서 강을 건넜다. 백제의 도읍이었던 공주 옛이름이 웅천이라 그
런지 다리 양쪽에는 곰 석상이 세워져있었다. 공주대교를 건너 좌회

---

69 석오문화재단, 앞의 책, 2023, p.352 (1597. 4. 20)
70 이성은 충남 논산시 노성면 읍내리로 '이산'의 별칭이다. 친필 일기에는 이산으로 나와 있으
며 정조 때 노성으로 고쳤다.

공주 소학동 효자비

전해서 논산 가는 길로 접어들었다. 소학회전교차로까지는 인도가 잘 되어 있어 걷기가 편했다. 교차로에서 갑사 방향으로 우회전해서 소학동길로 접어들었다. 얼마 못 가서 길 가에 큰 나무와 비각이 보였다. 비각은 '공주 소학리 효자 향덕비'[71]였다. 소학동 효자비를 보면서 갑자기 예전에 배웠던 시조 한 수가 떠올랐다. 바로 정철의 시조인데 효자비를 보면서 한 수 읊어보았다.

> 어버이 살아실 제 섬기길 다하여라
> 지나간 후면 애닯다 어이하리
> 평생에 고쳐 못할 일은 이뿐인가 하노라

이 시조를 읊으니 갑자기 부모님께 전화를 하고 싶은 생각이 들어 전화를 드렸다. 먼저 안부를 묻고 "지금 이순신의 백의종군길을 걷고 있는데 공주를 지나고 있다.”고 말씀 드렸다. 아버지는 대단한 일을 한다고 말씀하시면서 “나는 건강하게 잘 있으니 걱정하지 말고 안전하게 잘 걸어라.”고 말씀해주셨다. 나이가 들어도 부모자식 간에 사랑은 내리사랑이 더 큰 것을 또 느꼈다. 완주 후 고향에 한 번 내려갔다와야겠다는 생각이 들었다. 비각 옆에 있는 큰 느티나무는 수령이 오래되고 가지가 무성해서 혹 나무가 부러질까 철기둥으로 가지들을 떠받쳐놓았다. 안내문에 수령 500년 된 보호수라고 쓰어 있었다. 수령 500년이면 이 나무는 이순신이 백의종군하며 내려가는 모습을 지켜봤을 것이라는 생각이 들었다.

2보 전진을 위한 비책, 쉼표 하나

효자비를 뒤로하고 걷기 시작하여 얼마 뒤 23번 국도로 나가야했는데 역시 보행자를 위한 길은 없었다. 23번 국도 진입 후 약 100m 정도 전진하니 23번 국도 옆으로 작은 길(전진배길)이 있었다. 지도를 검색해보니 중간에 굴다리를 통해 23번 국도를 2번 횡단하면 전진배길과 영규대사로가 연결되면서 23번 국도를 걷지 않아도 계룡면 행정복지센터까지 갈 수 있었다. 보행로 없는 도로를 걷지 않아도 된다니 다행이었다. 전진배길은 23번 국도와 평행하게 나있는데 오가는 사람이

---

71 우리나라 기록 상 최초의 효자인 향덕의 효행을 기리는 비석이다. 향덕은 신라 경덕왕 때 부모가 가난과 병에 시달리자 자신의 살을 베어 봉양하는 등 지성으로 모셨다. 이에 왕이 향덕에게 벼 300석, 집과 토지를 하사하고 비석을 세워 효행을 널리 알리도록 하였다. 지금의 비는 경덕왕 때 세운 비는 아닌 것으로 보인다.

왼쪽이 23번 국도, 오른쪽이 전진배길

계룡면 행정복지센터 영규대사비

나 차가 없는 무척 한가한 길이다. 이 전진배길이 예전에는 오가는 사람과 수레가 가득했던 메인 도로였으리라.

전진배길을 따라 얼마를 갔을까? 23번 국도에 설치된 전광판에 쓰여 있는 문구가 무척 인상 깊었다.

'마침표가 아닌 쉼표, 힘들 땐 쉬어가세요.'

한 기관에서 조사한 바로는 우리나라 직장인 3명 중 2명꼴로 번아웃증후군을 경험했다고 한다. 또한 '2022년 세계 행복보고서'에는 우리나라의 행복지수가 149개국 중 59위로 나온 반면에 자살률은 OECD국가 중 높은 것으로 나타났다. 왜 이런 현상이 생길까? 아마도 살아가면서 적절한 때 쉼표를 찍지 못하기 때문이 아닐까? 몸이 힘들고 지칠 때 어디선가 누군가와 함께 쉼표를 찍는다면 삶의 무게가 그렇게 무겁게 느껴지진 않을 것이다. 그런데 쉼표를 누가 찍어야 하는가. 바로 자기 스스로 찍어야 하는데 현실에서는 그게 쉽지 않아 보인다. 끊임없는 경쟁 속에 잠시 쉼표를 찍으면 자기만 뒤처지는 것 같아서 많은 사람들이 자신을 더 가혹하게 몰아붙이고 있다. 쉼표를 찍을 수 있는 용기의 중요성을 또 생각하게 하는 문구였다. 전광판 문구를 보고 이런 저런 생각을 하면서 걷다보니 시간 가는 줄 모르고 계룡면 행정복지센터에 도착했다. 입구에 비각이 서있었는데 '영규대사비'[72]였다.

15번 스탬프함은 행정복지센터 본관 건물 좌측 정자에 있었다. 멀리서도 한 눈에 빨간색 스탬프함이 보였다. 한걸음에 달려가 패스포트에 도장을 찍었다. 다음 목표를 향해 빨리 가고 싶었는데 좀전에 본 '마침표가 아닌 쉼표, 힘들 땐 쉬어가세요.' 문구가 자꾸 머릿속에 떠올랐다. 그래 바쁠 게 뭐 있겠나 가는 곳까지 가다가 못 가면 다음에 가면 된다는 생각으로 정자에 앉아 잠시 휴식을 취했다.

행정복지센터를 출발 계룡초등학교에서 좌회전하여 월암교를 건너 오른쪽 어사길로 접어들었다. 경천중학교까지 약 4㎞를 한적한 어사길을 따라 걸었다. 어사길 좌우로는 한창 열매가 영글어 황금빛으로 변하고 있는 논의 벼이삭들이 장관을 이루고 있었다. 황금빛 들판은 풍요의 상징이며 한여름 무더위도 날려버린 농부들의 땀이 맺은 결실을 보여주는 것이다. 경천중학교를 지나면서 좀 큰 도로(697번 지방도로, 신원사로)와 만났다. 신원사로를 따라 약 20분 정도 직진했다. 백의종군길 코스 안내에는 경천중학교를 지나 경천용두길로 가라고 되어 있었다. 그런데 길 옆 이정표는 계속 신원사로로 나와 있어 뭔가 잘못 되었음을 느꼈다. 오던 길로 되돌아가면서 경천용두길을 찾았다. 그 길은 동네 가운데로 들어가는 좁은 길이었고 분기점에 이정표까지 있었다. 너무 좁은 길이라 주의 깊게 보지 않은 내 잘못으로 아까운 시간을 허비했다.

---

72 이 비는 1813년에 임진왜란 때 최초로 승병을 일으킨 영규대사의 호국정신을 기리기 위해 세운 비이다. 영규대사는 유평리에서 태어났다. 불교에 출가한 후 서산대사 휴정의 문하에서 불법을 공부하였다. 임진왜란이 일어나자 승려들을 모아 승병장이 되어 조헌과 함께 청주성을 탈환하였다. 이후 금산전투에 참여하였다가 큰 부상을 입고 공주 갑사로 돌아오다가 이곳에서 숨을 거두었다. 묘는 충남 공주시 계룡면 유평리 산 5에 위치한다.

한참을 걸어 계룡산로 접어들었다. 잠시 후 버스정류장이 나왔는데 의자도 제법 깨끗했고 그늘도 있어서 잠시 쉴 만한 환경이었다. 버스 정류소에 앉아 준비해 간 빵과 음료로 허기진 배를 달랬다. 걷기를 하는데 점심을 빵으로 먹는 것이 좋은 것은 아니지만 중소도시의 시골길을 걷기 위해서는 어쩔 수 없는 선택이었다. 매번 백의종군길을 걸을 때 미리 지도를 검색해서 점심식사할 곳을 정하고 도착해서 주변 식당을 검색했다. 철저하게 준비를 해도 막상 도착해보면 시간이 안 맞든가 휴·폐업을 한 식당이 많았다. 그래서 애매한 코스를 갈 때는 출발 전에 빵과 음료수를 사가지고 가는 게 편하다는 것을 체험했기에 오늘도 빵으로 점심을 먹었다. 배가 부르니 앞에 펼쳐진 황금빛 논과 푸르른 하늘 그리고 하늘에 떠있는 뭉게구름이 눈에 들어왔다. 한 폭의 그림도 이처럼 멋지진 않을 것이다. 식사도 했으니 잠시 쉼표를 찍으면서 자연 경관을 감상하기로 했다.

백의종군길의 든든한 동행자, 그림자

휴식 후 계룡산로를 걷다 상월교를 건너 바로 왼쪽의 노성천 제방길을 걸었다. 제방길은 흙길인데다 폭도 넓지 않아서 자동차가 다니기 어려웠다. 덕분에 주변 경관도 마음껏 눈에 담고 조용히 사색도 하면서 걷기에 집중할 수 있었다. 약 2km의 제방길을 호젓하게 걷다가 주곡교에서 백일헌로와 노성로 658번길을 따라서 노성면으로 들어갔다. 패스포트에 보면 노성면사무소에 16번 스탬프함이 있다고 되어 있었다. 노성면사무소 근처에서 잠시 길이 헷갈려서 몇 번 같은 길을 왔다 갔다 하다가 면사무소를 찾았다. 나는 당연히 면사무소 입구에 스탬프함이 있을 거라 생각하고 면사무소로 직진했다. 그런데 입구주변을 아무리 찾아봐도 스탬프함은 보이질 않았다. 옆 보건소 건물도 살펴봤지만 거기도 없었다. 마지막으로 예비군 사무실로 가봤더니 그곳에 빨간 스탬프함이 있었다. 면사무소 정문을 들어서면 가장 먼저 나오는 게 예비군사무실인데 그걸 못 보고 지나쳤다. 한걸음에 달려가 스탬프함에서 16번 스탬프를 꺼내 패스포트에 찍고 인증했다.

면사무소를 출발하여 노성로를 따라 걸었다. 논 사이로 걷는 것이라 주변에 참조할 만한 건물이 없었다. 가끔 전봇대 옆에 달려있는 작은 도로 표지판이 나침반 역할을 해줬다. 가다 보니 논 중간에 작은 연못이 보였다. 가까이 지나갈 때 안내판을 보고 연못이 아니라 논농사에 사용하는 물을 관리하는 '둥덩골저수지'임을 알았다. 저수지 치고는 작았지만 저기에 담겨 있는 물이 농부들에게는 엄청 소중한 보

백의종군길에 함께한 그림자와 한 컷

물이다. 저수지를 지나니 23번 도로를 가로지르는 굴다리가 나왔다. 차 한 대가 겨우 지나갈 수 있을 정도로 좁은 굴다리였다. 굴다리를 지나 들어선 도로 이름이 '벼슬로'였다. 한성으로 과거 보러 가는 삼남 지역 사람들이 벼슬을 하겠다는 꿈을 안고 걸었던 길이라 도로 이름을 그렇게 지었을까? 아니면 다른 뜻이 있을까? 혼자 걷다보니 별의별 생각을 다하게 된다. 아니 혼자가 아니었다. 길바닥을 보니 그림자가 나와 함께 걷고 있었다. 그림자가 반가울 정도로 백의종군길을 걷는 동안 사람을 만나기가 참 힘들었다. 대부분은 차를 이용해 새로 만들어진 도로를 따라 차로 이동하고 마을에는 다 일을 나가셨는지 돌아다니는 분들이 없었다. 매일 사람에 치이면서 생활하는 수도권에서 벗어나 좋았는데 이제는 사람이 그립다. 그림자와 함께 가는 것을 기념하기 위해 도로를 걷는 내 그림자를 사진으로 남겼다.

벼슬로로 한참을 가다가 '사계로1031번길'로 들어섰다. 이 길도 마을을 관통하는 길인데 차 한 대가 겨우 지나갈 정도로 좁은 길이었다. 초포마을회관을 지나 '풋개다리'로 노성천을 건넜다. 그런데 가만히 보니 여기는 '사계로1031번길'과 벼슬로(명칭은 사계로로 바뀜)가 만나는 곳이었다. 이럴 거면 노성천을 따라 벼슬로로 계속 오게 했으면 거리도 더 짧을 건데 왜 마을 한가운데로 우회하는 길로 코스를 잡았는지 궁금해졌다. 이 구간은 좀 더 검토해서 수정을 해야겠다. '풋개다리'를 건너서 도로 명칭도 없고 주변이 비닐하우스로 가득찬 지역을 지도에 의지해 나갔다. 사전에 숙지한 방향으로 열심히 걸을 뿐이었다. 한참을 걸으니 멀리 철도 건널목이 보였다. 서울에서는 보기 힘든 차단기가 설치되어 있었고 옆에는 차단기를 관리하시는 분들이 근무하는 건물도 있었다. 기차가 이곳을 지나 논산역으로 들어가는 듯했다. 철길을 건너니 비닐하우스는 보이지 않고 넓은 황금벌판이 가을임을 알리고 있었다.

철길을 건너 황금들판 사이로 나있는 '마구평5길'을 따라 걸었다. 저 멀리 건물들이 보이는 게 이제 목표에 거의 다 왔음을 알려주는 듯했다. 들판 끝자락에 처음 마주한 건물이 공장인 줄 알았는데 종자관리소 논산 분소였다. 종자 관리 절차는 잘 모르겠지만 들판을 가득 채운 황금벼들을 가을에 잘 수확한 후 우수종자를 선별해서 관리하고 매년 봄이면 파종하는 그런 일련의 과정을 이곳에서 관리하는 것 같았다.

드디어 오늘 목표로 정한 부곡농협에 도착했는데 스탬프함이 보이질 않았다. 지금까지야 목표를 향해 간다는 생각에 발바닥이 아파도 참고 걸었는데 목표에 도착해서 찾는 것을 발견하지 못하니 피로가 배로 느껴졌다. 스탬프함을 찾아야하는데 발바닥이 너무 아파서 농협 앞 간이 의자에 철퍼덕 앉아 휴식을 취했다. 스탬프함을 어디서 찾을까? 패스포트를 꺼내 펼쳐봤다. 그런데 패스포트에는 부적농협 옆에 괄호를 치고 다오정식당이라고 표기되어 있었다. 다오정식당을 검색해보니 가까운 곳이었다. 바로 출발해 사거리를 도니 식당 입구 기둥에 빨간 스탬프함이 있는 게 보였다. 한걸음에 달려가 패스포트에 17번 스탬프를 찍었다.

아직 해가 지려면 시간도 좀 남아서 1시간 정도 더 걷기로 했다. 경로를 따라 부적로를 걸으니 주변에 보이는 것은 잘 익어가는 벼가 있는 논이거나 비닐하우스가 전부였다. 인터넷을 검색해보니 논산에도 제법 브랜드 있는 쌀이 출시되고 있었다. 그런데 내 기억에는 논산 하면 딸기가 떠오른다. 1시간 정도를 걸어서 신교교를 건너 조금 더 가니 버스정류장이 나왔다. 시골길을 가다보면 앉아서 편안하게 쉴 수 있는 곳이 정자 아니면 버스정류장이다. 정류장 의자에 털썩 주저앉아 신발을 벗고 발바닥 마사지를 했다. 정류장 이름에 ○○○식품이 들어가 있는 것을 보니 정면에 보이는 게 그 공장인 듯했다. 더 무리하지 말고 오늘은 여기까지만 걷는 것으로 결정했다.

27 km

- 논산 관촉사
- 은진면사무소
- 연무대
- 황화교차로
- 봉곡서원
- 마천1리 노인회관
- #18 여산파출소
- 석교교
- 가람로
- 원수저수지
- #19 익산보석박물관
- 익산 테크노벨리

백의종군길 답사 8일차,
홀로 앉아 비통함에 잠긴 이순신을 생각하다

옛추억을 돌아보고 바람 따라 한걸음 한걸음

아침에 일찍 출발해 백의종군길에서 조금 벗어난 곳에 있는 관촉사를 둘러봤다. 굳이 길을 우회하면서까지 이곳에 들른 것은 어린 시절 추억이 서린 곳이기 때문이다. 방학 때마다 관촉사 인근에 사시던 고모님 댁에 내려와 며칠씩 보내곤 했는데 그때 수시로 관촉사에 와서 놀았던 추억이 있었다. 관촉사 하면 높이 18m의 은진미륵(정식 명칭은 석조미륵보살입상)[73]으로 널리 알려져 있다. 이른 아침이라 경내는 고요한 정적에 싸여있어 마음을 차분하게 했다. 사찰 내부 모습이 어릴 적 기억 속에 남아있는 모습과 달라졌다는 느낌을 받았는데 뭐가 달라졌는지 알 수 없었다. 석등 주변에는 책갈피 같은 코팅 용지에 자기

---

[73] 고려 광종19년(968년)에 혜명대사가 장인 100명과 더불어 37년이란 긴 세월에 걸쳐 완성한 석상으로 국보 323호로 지정되어 있다.

와야리 행복마을 초입에 있는 바람개비

소원을 적어 달아놓을 수 있도록 되어있었다. 하나씩 살펴보니 사람들의 바람은 모두 똑같은지 대부분 건강, 행복, 승진, 합격 등을 적어 놓았다.

관촉사를 나와 다시 백의종군길을 걷기 시작했다. 643번 지방도로인 원앙로를 걷다 와야리 이정표를 보고 오른쪽으로 방향을 틀었다. 길 초입에 '행복마을 와야리, 바람개비길 벽화거리'라고 예쁘게 이정표를 만들어 놨다. 마을 진입로 양쪽에는 형형색색의 바람개비가 놓여있었다.

이정표에는 마을 이름 외에 어떤 설명도 없어서 이름의 유래와 바람개비를 세워놓은 이유를 알 수 없었다. 이정표를 만들 거면 처음 방문하는 사람들을 위해 명칭 유래와 바람개비를 설치한 이유 등도 함께 써줬으면 하는 아쉬움이 남았다.

마을 안으로 들어가기 전 입구에서 탑정로 493번길로 들어섰다. 그래서 왜 벽화거리인지 어떤 벽화가 그려져 있는지 보지 못했다. 탑정로 493길을 따라 가다 탑정로와 만나는 곳에서 우회전한 후 교촌1리 비석이 있는 곳에서 은진감리교회 방향으로 좌회전해서 은진면사무소에 도착했다.

> 일찍 떠나 은원에 이르니 김익이 우연히 왔다고 한다.[74]

은원은 충남 논산[75]시 은진면 연서리를 일컫는 것으로 은진면사무소에서부터 남쪽으로 2.5㎞ 떨어진 시묘교까지 매죽헌로와 방축교 사이 지역을 말한다. 이곳에서 이순신은 김익이라는 사람을 우연히 만났다. 다만 난중일기에는 김익이 누구이고 만나서 어떤 이야기를 나누었는지는 기록되어있지 않다.

은진면 행정복지센터에서 매죽헌로를 따라 남쪽으로 연무를 향해 갔다. 매죽헌로 중간 주변에 마을도 없는 곳에 뜬금없이 정자가 있었다. 정자는 관리가 잘 되어 있었고 주변 풍광이 너무 좋아서 넋 놓고 보다가 너무 많은 시간을 보냈다. 황금물결에 잠시 정신을 빼앗겼다가 서둘러 자리에서 일어나 연은로, 안심로 220번길을 통해 연무 읍내로 들어갔다. 안심로 220번길은 예전에 콘크리트 포장을 한 것 같은데 도로 정비를 안 하고 방치해서 흙길처럼 변했다. 주변에 폐축사

---

74 석오문화재단, 앞의 책, 2023, p.352 (1597. 4. 21)
75 난중일기 기록에 논산論山이라는 지명은 나오지 않는다. 논산시청 홈페이지 연혁을 보니 고려와 조선시대에는 노성, 은진, 연산, 석성 등 4현이 위치하였다. 1914년 이를 병합하여 논산군을 설치하였고 1996년 3월 1일 시로 승격되었다고 설명하고 있다.

등이 많아서 보기는 안 좋았지만 걷기에는 아주 편안한 길이었다.

안심로 220번길을 나와 안심로를 따라 연무 읍내로 들어섰다. 여기저기 육군과 관련된 안내 표지가 가득하고 군장사도 많은 것이 이곳이 육군훈련소가 있는 곳이라는 것이 느껴졌다. 연무읍사무소를 지나 1번 국도를 따라 육군훈련소 방향으로 걸었다. 6년 전 아들이 여기서 훈련을 받았는데 입소할 때 배웅해주러 함께 왔던 기억이 났다. 내가 오랜 시간 군에서 생활을 했지만 아들을 입소시킬 때는 마음이 짠했던 기억이 났다. 잠시 옛 생각에 사로잡혀 걸었더니 금방 논산훈련소 앞에 도착했다. 정문 길 건너엔 탱크 등을 전시해놓은 '육군훈련소 체험문화공원'이 있었다.

연무대라고 많이 알려진 이곳은 6.25전쟁이 한창이던 1951. 11. 1. '육군 제2훈련소'로 창설되었다. 부대 창설 시 이승만 대통령이 '무예를 닦는다'는 의미로 '연무대錬武臺'라고 명명하였다. 연무읍 명칭은 1963. 1. 1. 익산군 황화면이 논산군에 편입되어 구자곡면과 합쳐지면서 훈련소 명칭을 따서 붙인 것이다. 즉 연무읍에 훈련소가 있어서 연무대가 아니라 연무대가 있어서 연무읍으로 명명된 것이다.

1번 국도를 따라 직진하다가 황화교차로에서 우회전해서 황화로로 접어들었다. 황화교차로에서 1㎞ 정도 걸으니 왼편에 홍살문이 있는 사당 같은 건물이 있었다. 궁금해서 가봤더니 외삼문 위에 봉곡서원[76]이라는 현판이 있었다. 들어가서 내부를 둘러보고 싶었지만 이곳 역시 코로나의 영향으로 출입이 금지되어 있었다. 아쉬움을 뒤로하고 황화로를 따라 계속 직진했다. 아침을 가볍게 먹어서 그런지 걷느라 에너지를 소비해서 그런지 평소보다 배가 더 빨리 꺼진 듯했다. 주변에는 식당도 가게도 없었다. 허기가 지니 아무 생각 없이 호젓한 길을 무념무상으로 뚜벅뚜벅 걸었다. 내 돈을 주고 식사를 하고 싶어도 할 수 없는 환경이 낯설었다.

호남지역의 첫걸음, 쟁목고개

약트막한 오르막길이 나왔는데 충청도와 전라도 경계인 쟁목고개였다. 고개 정상에 전라북도 익산시 이정표가 서있고 옆에 '백제왕도 익산시 방문을 환영합니다.'라는 환영 문구가 보였다. 드디어 충청도를 뒤로하고 전라북도로 넘어왔다.

재미있는 사실은 충청도 지역에서는 '황화로'였던 길이 전라북도로 넘어오니 '가람로'로 바뀌었다. 똑같은 길인데 갑자기 이름이 바뀌니까 약간 혼란스럽기도 했다. '호남의 첫 고을 월곡마을'이라고 쓰여 있는 비석도 보였다. 그 뒤로 멀리 아파트 단지가 있었는데 가까이 가보니 공사가 중단되어 외벽 페인트도 다 벗겨졌고 창문도 하나도 없는 게 을씨년스러운 분위기였다. 어떤 사연이 있는지 모르겠지만 방치된 건물은 여러모로 위험한데 조속히 해결되었으면 좋겠다는 생각이 들었다.

---

76 1712년 건립되었으며 이계맹, 이순인, 남명한, 진극효, 남두건을 제향한 곳으로 우암 송시열과 오봉 이호민의 발의로 창건되었다.

충청남도와 전라북도의 경계, 쟁목고개

'가람로'를 따라 여산으로 들어가면서 식당을 찾기 위해 폭풍 검색을 했다. 그 중에 중식당이 눈에 띄었다. 어느 집이 맛집인지 모르겠고 지금은 맛보다 그냥 식사를 할 수 있으면 된다는 생각에 중국집으로 가기로 했다. 식당에 들어가면서 뭘 시킬까 잠시 고민했다. 땀 좀 흘리고 에너지 소모했을 때 얼큰한 국물 한 사발 들이켜야 힘이 나는 게 한국사람 아니겠는가. 망설임 없이 짬뽕을 주문했다. 잠시 후 나온 짬뽕은 꽃게와 홍합 등 해산물이 푸짐하게 들어간 게 아주 맛있게 보였다. 아니 맛이 없어도 그냥 빨간 국물을 보는 것만으로도 행복지수가 쑤욱 올라갔다. 짬뽕 한 그릇 먹었을 뿐인데 이렇게 행복해지다니 역시 사람은 먹어야 산다.

배도 부르니 이제 본연의 모습으로 돌아가 18번째 스탬프함을 찾기 위해 여산파출소를 향했다. 파출소 뒤 정자에 스탬프함을 발견했다. 얼른 패스포트에 도장을 찍고 정자에 앉았다. 정자는 나무 사이에 있어서 그늘이 따가운 햇살을 막아주고 바람이 살랑살랑 불었다. 주변에 사람이 없으니 내가 정자를 전세를 내고 살랑살랑 부는 바람을 몸으로 느끼며 신발을 벗고 의자에 누웠는데 한여름 에어컨 빵빵하게 나오는 사무실보다 훨씬 좋았다. 배도 부르고 시원한 바람도 부니 졸음이 밀려왔다. 정자에서 잠시 눈을 붙이고 아주 짧은 시간이었지만 꿀맛 같은 잠을 잘 수 있었다.

> 저녁에 여산 관청 노비의 집에서 잤다. 한밤중에 홀로 앉았으니 비통함을 어찌 견디랴.[77]

이순신은 여산에 도착해서 관노의 집에서 하룻밤을 보냈다. 정자 바로 뒤편이 여산 동헌이었으니 이 주변 어딘가에서 하룻밤을 머물지 않았을까? 난중일기에 그는 한밤중 비통한 생각에 견딜 수가 없다고 하였다. 무엇이 이순신을 잠 못 이루게 했을까? 삼도수군통제사까지 지낸 자신이 관노의 집에서 자는 현실이 안타까웠을까? 죄인의 신분으로 어머니의 장례도 치르지 못하고 떠나온 자신의 처지가 비통했던 것일까? 그의 평소 생활하는 모습과 어머니를 극진히 존경하던 품행을 고려해 보면 백의종군으로 불효를 저지른 자신의 처지를 비통하게 생각했던 건 아닐까? 잠시 떠오른 생각을 뒤로하고 다시 길을 나섰다. 서촌길을 경유하고 1번 국도를 가로질러 강경천 제방길로 좌회전했다. 초입에 '아름다운 순례길'이라는 이정표가 있었다. 한쪽은

---

[77] 석오문화재단, 앞의 책, 2023, p.353 (1597. 4. 21)

나바위성지 다른 한쪽은 천호성지 방향을 알려주었다. 나는 천호성지 방향으로 둑길을 따라 쭈욱 걸었다.

어제 걸었던 노성천 제방길은 비포장이어서 걷기에 좋았는데 강경천 제방길은 콘크리트로 포장되어 걷기가 불편했다. 모든 일상이 차량을 이용하는 시간이 많아져 생활의 편리함 때문에 도로를 아스콘이나 콘크리트로 포장했지만 걷기에는 비포장도로가 최고였다. 그나마 제방길에 차량이 다니지 않아서 안심하고 걷기에 집중할 수 있었다. 제방길을 걷다 석교교를 건너 오른편 가람로로 들어섰다. 가람로는 서쪽으로는 강경천을 사이에 두고 1번 국도가, 동쪽으로는 호남고속도로가 나란히 달리고 있었다. 1번 국도가 일제강점기 때 건설된 것이니 그 이전에는 이 길이 한성을 연결해주는 주도로였지만 이제는 그 자리를 1번 국도와 호남고속도로에 내주고 지역주민이 단거리 이동에만 이용하는 도로가 되었다. 다니는 차도 거의 없지만 역설적으로 차가 적다보니 가끔 지나가는 차량들은 제한속도보다 훨씬 빠르게 다녀서 위협적이었다. 뒤편에서 차 오는 소리가 들리면 최대한 갓길 쪽으로 붙어서 걸었다.

가람로를 따라 걷다가 원수저수지 끝자락에서 799번 지방도로인 '호반로'로 들어섰다. '호반로'는 원수저수지에서 왕궁저수지를 잇는 도로인데 가람로에 비해서 왕래하는 차량이 엄청 많았다. 거기다 갓길도 없어서 훨씬 더 신경을 쓰면서 걸었다. 한 30분 정도를 걷다보니 앞에 왕궁저수지가 보였다. 지금까지 백의종군길을 걸으면서 봤던

익산시 왕궁저수지

저수지와는 규모가 확연하게 차이가 났다. 저수지의 풍광을 보면서 '아름다운 강산'을 흥얼거렸다.

> 하늘은 파랗게 구름은 하얗게
>
> 실바람도 불어와 부풀은 내마음
>
> 나뭇잎 푸르게 강물도 푸르게
>
> 아름다운 이곳에 내가 있고 네가 있네

왕궁저수지를 왼쪽에 끼고 풍광을 감상하면서 30분 정도를 더 걸었다. 멀리서 저수지 끝자락에 있는 '왕궁보석테마관광지'가 보였다. 입구로 들어서니 정면에 유리피라미드가 보였다. 저 건물은 피라미드를 본떠서 만든 것일까? 아니면 보석을 상징하는 모습일까? 또 궁금증이 일었지만 그냥 감상만 하기로 했다. 테마관광지 넓은 잔디밭에는 가족 단위로 놀러와서 맑은 공기를 마시며 가을 햇살을 만끽하는 시민들이 많았다. 코로나가 한창이라 실내 시설들은 상당수가 임시휴업을 해서 갈 곳도 마땅치 않은데 이렇게 뛰어놀 수 있는 공간이 있다는 게 너무 좋아 보였다. 벤치에 앉아서 해맑게 뛰어노는 아이들의 모습을 바라보며 잠시 여유를 부렸다.

　잠시 가을 햇살과 아이들의 뛰노는 모습을 보며 휴식을 취하다 19번 스탬프함을 찾기 위해 일어섰다. 박물관 로비에 있나 가봤더니 임시폐쇄가 되어 있었고 입구 주변을 아무리 돌아보아도 스탬프함은 보이지 않았다. 옆에 매점 건물과 주얼벨리스 건물 주변도 열심히 확인해봤지만 도저히 스탬프함을 찾을 수 없었다. 오늘은 주말이라 협회 사무실에 출근한 사람도 없었다. 갑자기 전대표가 먼저 이곳을 답사했다는 사실이 생각이 났다. 사람이 한 가지 문제에 빠지면 주변에 도와줄 사람이 있음에도 물어볼 상대를 찾지 못하고 혼자 문제해결에 몰입하는 경우가 있는데 오늘 내가 그런 경우였다. 전대표에게 전화를 했더니 빨간색 공중전화기 박스를 찾으라고 말했다. 열심히 광장을 둘러보니 저 멀리 빨간색 공중전화기 박스가 보였다. 빠르게 달려가 봤더니 공중전화가 아닌 백의종군길 19번 스탬프함이 예쁘게 있었다.

　스탬프를 찍기 위해 패스포트를 꺼냈는데 거기에는 '익산보물박물관(느린 우체통 박스)이라고 써있었다. 미리 패스포트를 한 번만 열어봤어도 스탬프함을 찾아 주변을 맴돌지 않았을 건데 허무했다. 패스포트에 19번 스탬프를 찍고 숙소를 검색했다. 주변에는 인가도 없고

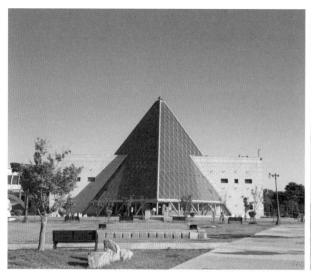

익산 보석박물관(왼쪽)과 광장 내 19번 스탬프함(오른쪽)

남쪽으로 한 5㎞ 정도 떨어진 둔산리 인근에 숙소가 몇 군데 있었다. 어차피 가야하는 길이라 생각하고 열심히 걸어서 숙소를 잡고 쉬었다.

익산 테크노벨리

익산 산림항공관리소

우주로

삼례 IC 앞

완주우체국

삼례역 #20

삼례교

전주천 벚꽃길

추천대교

터미널사거리

전주 천동로

#21 전주 풍남문 앞 편의점

전주교대

백의종군길 답사 9일차,
뜻밖의 장소에서 환영해주는 사람을 만났다

조선시대 역참이었던 삼례역

아침 일찍 눈을 떴다. 아직 해가 뜨지 않아 밖은 컴컴했지만 바로 샤워를 하고 출발 준비를 했다. 숙소에서 할 일 없이 날이 밝기를 기다렸다가 아침에 문을 연 식당을 찾아 식사를 하고 출발하느라 시간을 허비할 필요가 없었다. 바로 숙소를 나와 백의종군길로 다시 들어서기 위해 완주산단4로를 지나가는데 깜깜한 가운데 유독 한 공장에서만 불을 밝히고 몇몇 분들이 일을 시작할 준비를 하고 계셨다. 멀리서 봐서는 어떤 일을 하는 것인지 모르겠지만 새벽부터 미리 미리 준비하시는 분들의 노력이 있으니 업무 시작 시간에 차질 없이 편안하게 일을 시작할 수 있을 것이다. 어제 걸었던 마지막 백의종군로 지점에 도착해서 답사를 시작했다. 얼마 후 동쪽 산등성이가 조금씩 붉게 변하더니 서서히 해가 떠오르는 장관이 펼쳐졌다.

익산 우주로 넘어 해가 떠오르며 세상을 붉게 물들인 멋진 일출

조금 걷다보니 오른쪽으로 '익산산림항공관리소'[78] 이정표가 보였다. 이곳은 3대의 헬리콥터를 운용하면서 전북(남원, 장수 제외), 충남(논산, 금산) 지역을 관할하고 있다. 지금 이 길이 우주로라고 명명한 것도 항공관리소와 연관이 있나 하는 생각을 해봤다. 나중에 알고 봤더니 통일신라부터 조선 후기까지 이 지역 이름이 우주紆州여서 도로 이름을 명명한 것이었다. 멋진 도로 이름에 비해 주변 환경은 그 이름값을 못 따라가는 듯했다. 도로 주변에 공장, 폐공장, 폐가옥과 축사 등이 많아서 소음과 분뇨 냄새가 심했다. 빨리 이곳을 벗어나고 싶은 마음에 앞만 보고 열심히 걸었다. 우주로를 따라 쭉 가다 작은 사거리가 나왔다. 길을 건너기 직전 오른쪽으로 고개를 돌렸는데 삼례톨게이트 간판이 보였다. 내가 생각하는 톨게이트는 도로 폭이 엄

---

78 산림청 산하 조직으로 산림병해충 방재와 산악인명구조 등의 임무를 수행하는 11개 산림항공관리소 중 1곳

청 넓고 오가는 차가 많은 곳이었는데 이곳은 길이 좁고 오가는 차량이 거의 없었다. 처음에는 마을 내 포장도로인 줄 알고 좌우를 살피지 않고 건너려고 했다가 좌우를 한 번 더 살핀 후 길을 건너 역참로로 들어섰다.

삼례를 가로지르는 중앙도로는 '삼봉로'다. '역참로'는 '삼봉로' 한 블록 뒤편에서 중앙도로와 나란하게 주택가를 가로지는 도로다. '역참로'라는 도로명은 고려 때부터 이곳에 역참이 있었던 것에서 따왔을 거라는 생각이 들었다. 예전에는 이 길로 사람과 차량이 다니는 중앙도로 역할을 하지 않았을까? 하지만 지금은 역할이 바뀌어서 그런지 아니면 토요일 이른 아침 시간이라 그런지 너무도 조용했다. 좌우로 나지막한 건물과 주택이 늘어선 동네길을 걷다가 완주우체국에서 오른편으로 돌아 삼례역 방향으로 '삼봉로'를 따라 걸었다. 잠시 후 유일하게 문을 연 편의점이 하나 있었다. 혹시 실내에서 음식을 먹을 수 있는지 물었더니 주인이 가능하다고 그래서 컵라면과 커피를 샀다. 뒤편에 테이블이 있다고 안내를 해줘서 가봤더니 완전 카페 수준의 깔끔하고 널찍한 공간이 마련되어 있었다. 배낭을 내려놓고 편안하게 의자에 앉아 컵라면으로 아침 식사를 한 후 캔 커피를 따서 여유롭게 한 잔 마시니 서울의 멋진 카페가 부럽지 않았다. 어느 환경에선 내 눈높이에 미치지 못하는 장소도 환경이 바뀌면 눈높이를 훌쩍 넘어서 만족하게 된다. 똑같은 조건이라도 환경에 따라 받아들이는 만족도가 다르다는 사실을 또 한 번 느꼈다.

낮에 삼례 역리 집에 이르렀다.[79]

난중일기에 이순신은 낮에 삼례 역리[80]집에 도착했다고 기록하고 있다. 당시 삼례역이 어디 있었는지는 모르겠으나 '역참로' 어딘가에 있었을 것이다. 천천히 식사를 마치고 20번째 스탬프함을 찾아서 삼례역[81]으로 향했다.

역사 주변은 상점도 많고 번화가가 형성되어 있는 게 일반적이지만 삼례역은 새로 역사를 지어 깨끗한 반면에 주변에 아무것도 없었다. 직전 편의점에서 아침 식사를 한 것이 신의 한 수였다는 생각이 들었다. 일단 역사 내로 들어가 화장실을 찾았다. 백의종군길 걷기에서 가장 난감한 게 생리적 현상을 해결하는 장소를 찾는 것이다. 그래서 이 기간 중에는 편의시설을 갖춘 공공시설이 있으면 무조건 들어가는 습관이 생겼다. 화장실을 나와 20번째 스탬프함이 예쁘게 나를 반겨주고 있는 역사 밖 택시 정류장으로 향했다. 패스포트에 20번째 스탬프를 찍었다.

다음 목적지로 가기 위해서 '비비정길'을 이용해야 하는데 지도상으로는 삼례역사 뒤편에서 '삼례 수도산공원'을 통과한 후 '비비정길'로 들어서야 했다. 하지만 역사 뒤편으로 가는 길을 찾을 수 없었다. 이리저리 헤매다 삼례역 버스정류장 끝 울타리 한쪽에 사람이 다닐

---

79 석오문화재단, 앞의 책, 2023, p.353 (1597. 4. 22)

80 국가의 명령이나 공문서를 전달하고, 외국 사신을 맞이하고 전송하며 접대하는 일을 위하여 마련된 교통 통신 기관에서 근무하는 자.

81 삼례역참은 고려시대 때부터 역참이 있었다는 기록이 있다. 근래 철도가 들어온 역사는 1914년 최초의 사설 철도(전주-익산)가 건설되면서 생겼다. 처음에는 협궤철도로 운행을 했으나 1930년 광궤철도로 바뀌었다. 지금은 하루 상하행 각 11편의 무궁화 열차가 정차하고 있다.

수 있도록 좁은 문을 만들어 놓은 것을 발견했다. 쪽문으로 나가니 바로 '삼례수도공원'으로 가는 길이 있었다. 27번 국도와 나란히 나있는 '비비정길'을 걷다가 비비정 교차로에서 '비비정'[82]이 있는 만경강 강변 쪽으로 내려갔다. 비비정교를 건너 다시 삼례로로 들어선 후 '삼례교'로 만경강을 건너 전주로 들어왔다. 지도에는 전주 시내로 가려면 '삼례교' 남단에서 '한내로'를 따라 가라고 표기되어 있었다. '삼례교' 남단에서 반대편 '한내로'로 가기 위해서는 도로를 건너가야 하는데 중앙분리대가 설치되어 있었고 횡단보도도 없어서 바로 건널 수 없었다. 지도를 보니 남쪽으로 더 내려가 크게 P턴을 해서 '한내로'로 진입해야 했다. 덕분에 1㎞를 돌아서 갔다.

한내로 벚꽃길을 지나 상봉한 응원단

'만경강'의 지류인 '전주천'을 따라 나있는 '한내로' 양쪽에는 아름드리 벚나무가 서있었다. 이 길을 벚꽃이 필 때 오면 좋겠다고 생각했다.

하지만 얼마 후 그 생각을 접었다. '한내로'에는 유난히 트럭이 많이 다녔다. 중앙선도 없고 길도 좁아서 차량이 마주치게 되면 나는 잠시 길 옆으로 비켰다가 차들이 지나간 후 걸어야했다. 나중에 안 사실이지만 처음 백의종군로를 설정할 당시에 '한내로'는 비포장으로 자동차가 다니지 않는 도로였단다. 걷기에 좋았던 길이 아스팔트 포장

---

82 1752년(영조 28) 무인 최영길이 삼례읍 후정리 남쪽 언덕 위에 세운 정자. 오랜 세월이 흘러 정자가 없어졌다가 1998년에 복원하였다.

전주천을 따라 늘어선 한내로 벚꽃길

으로 오가는 차량이 많아졌고 사람이 걷기 어려운 길이 되어버렸다. '한내로' 옆에 '전주천'을 따라 자전거 도로가 있었다. 예전에는 쓸모 없는 땅으로 인식되었던 고수부지가 시민들 여가 공간으로 활용하는 지자체가 많아지다 보니 여기도 자전거도로가 조성되었을 것이다. '한내로'에 보행자 전용 도로를 만들기 어려우면 백의종군길을 답사 하는 사람들이 안전하게 걸을 수 있도록 자전거길 로 안내해주면 좋 겠다는 생각이 들었다.

길을 계속 걷는데 전주에 사는 피겨플로리스트 여니강사님의 전 화가 왔다. 대뜸 어디쯤 오고 있냐고 물어본다. 주변을 아무리 둘러봐 도 특별하게 이정표로 삼을 건물이 없었다. 지도를 켜고 위치를 확인 하여 이야기했다. 자기가 점심을 대접하고 싶으니 '가연교' 근처에 오 면 전화를 하라고 그런다. '가연교'까지는 대략 1시간 이내에 도착할 수 있을 듯했다. '전주천교' 굴다리를 지나 우회전하여 팔복동 공장지 대를 지났다. '주천대교'를 건너서 우회전해서 가리내로를 따라 '가연교'로 갔다. '가연교'에 도착해 전화를 하니 거기서 강을 건너지 말고 반대편으로 200m쯤 올라오란다. 말해준 곳으로 걸어가니 멀리서 나를 기다리는 여니강사의 모습이 보였다. 거리가 가까워졌을 때 갑자기 플래카드를 펼치면서 환영한다고 외친다.

백의종군로 뚜벅뚜벅 나라사랑 실천!
이순신리더십!!! 우상규강사님!
전주방문을 환영합니다.

여니강사님은 내가 이순신리더십 공개강의를 할 때 만났던 분이다. 늘 내 덕분에 이순신에 대해 더 관심을 갖게 되었다고 감사의 마음을 전하는 강사님이다. 또한 늦게 피겨스케이트를 배우시고 빙상 위에서 스케이트를 타면서 플롯을 연주하시는 강사님인데 평소 실천력 갑이고 늘 긍정적인 에너지로 사람들에게 동기부여를 해주는 분이다. 오늘 보니 사람을 깜짝 놀라게 해서 감동을 주는 놀라운 재주까지 있었다. 식당으로 이동해서 토종닭백숙으로 영양보충을 시켜주시고 식당 사장님께 이순신리더십 전문가이시라며 얼마나 칭찬을 해주시던지 정말 쥐구멍에라도 들어가고 싶었다. 식사가 끝나고 나를 픽업했던 장소로 다시 데려다주면서 오늘 어디까지 걸을 건지 물었다. 풍남문까지 간다고 했더니 자기가 그 시간에 인근에 있는 카페에서 기다리고 있겠다고 열심히 걸으라며 응원을 해주신다. 혼자 길을 걸을 때 좋은 점도 있지만 힘들 때도 있었는데 오랜만에 이렇게 든든하게 응원해주는 사람이 있으니 힘이 났다.

여니강사와 헤어지고 전주천 옆의 가리내로를 따라 시내로 들어오다 터미널사거리에서 우회전하여 전주천동로로 진입했다. 시내로 들어올수록 차량은 많아졌지만 보행자 전용 보도도 함께 갖추고 있어서 차량 매연만 아니면 걷기 좋은 환경이었다. '전주천동로'를 걷다 '다가교'에서 좌회전해서 '전라감영2로'로 들어섰다. 작은 골목길이었는데 길 양쪽에 가로등 같은 스텐 기둥이 있고 그 위에 여의주를 물고 있는 용머리와 용무늬를 새겨놓은 사각형 조형물이 쭉 늘어서 있었다. 뭘까 하는 생각에 지도를 검색하니 이곳은 '전주차이나타운'[83]이라고 표기되어 있었다. 차이나타운 거리를 지나 오늘의 목적지인 풍남문[84]에 도착했다.

> 저녁에 전주 남문 밖 이의신의 집에서 잤다. 판관 박근이 보러 왔고
> 전주부윤[85] 박경신도 후하게 대접해 주었다. 판관이 유둔[86]과 생강
> 등을 보내주었다.[87]

이순신은 전주 객사가 아닌 전주성 남문 밖 이의신의 집에서 하루를 묵었다. 이곳에 있던 판관과 부윤 등 관리들은 그를 융숭하게 대접

---

83 인천차이나타운처럼 자연적으로 생긴 곳이 아니라 전주와 중국 쑤저우(소주)시의 자매결연을 기념하고 구도심 활성화를 촉진시키기 위해서 조성한 거리이다.

84 풍남문은 조선 시대에 전라감영이 있었던 전주를 둘러싼 전주성의 4개 성문 중 유일하게 남아있는 남쪽 문이다. 1597년 정유재란 때 많이 파괴된 성을 1731년(영조 10)에 고쳐 쌓으면서 남문을 명견루明見樓라 하였다. 이후 1767년 남문이 불타자 관찰사 홍낙인이 다시 짓고 풍남문이라 하였다. 풍남문이라는 이름은 중국 한나라를 세운 유방이 태어난 풍패豐沛에서 따온 것이다. 조선 왕조의 발원지인 전주를 풍패에 비유하여 풍패향 전주의 남문이라는 뜻으로 풍남문이라 하였다.

전주 풍남문

한 것을 난중일기를 통해 짐작할 수 있다. 백의종군 중에 어느 곳에서는 박대를 당하기도 했지만 어떤 곳에서는 오늘처럼 진심을 다해 그를 맞이하는 곳도 있었다. 중요한 것은 이순신은 도착한 곳에서 어떤 대접을 받든지 불평하지 않았다는 것이다. 이곳에서 하루 유숙하는 그의 모습을 상상해보고 인근 편의점에 있는 21번 스탬프함을 찾아 패스포트에 도장을 찍었다. 도장을 찍으면서 가게 전면에 스탬프함을 설치할 수 있도록 해주신 사장님께 마음으로 감사함을 전했다.

---

85 부윤은 부를 관할하던 종2품의 지방 장관이다. 수령의 임무에 더해서 진관鎭管의 책임자인 절제사를 겸직했다. 조선시대에 부윤이 설정된 고을은 경주, 평양, 전주, 영흥, 함흥, 의주, 강화, 광주 등 8곳이었다. 판관은 조선시대 여러 관서의 종5품 관직으로 소속관아의 행정실무를 지휘, 담당하거나, 지방관을 도와 행정 군정에 참여하였다.

86 요즘의 우의와 같은 역할을 하는 것으로 비를 피하기 위해 두꺼운 기름종이를 이어 붙여서 사용하였다.

87 석오문화재단, 앞의 책, 2023, p.353 (1597. 4. 22)

전주교대

신리역

전북 도로관리사업소 북부지소

죽림 온천

슬치리 백산식당 #22

관촌면사무소

예원예술대학교

두곡지

임실읍사무소 #23

말치

오암교차로

#24
오수면사무소

백의종군길 답사 10일차,
도로의 주인을 따지기 전에 배려가 먼저

위험천만 17번 국도

전주-임실 구간 걷기 전날 전주로 내려와 백의종군길 답사를 준비했다. 인터넷을 검색해보면 풍남문 일대에 게스트하우스는 많았다. 게스트하우스는 여행을 하는 사람들이 함께 어울릴 수 있는 장점이 있는 반면에 자칫 잘 시간에 잠을 못 자서 다음날 컨디션에 지장을 줄 수도 있었다. 또 밤늦게 들어가 잠만 자고 나올 거라 걷기에 집중할 수 있도록 조용하게 쉴 수 있는 숙소를 찾았다. 전주교육대학교 인근에서 숙소를 찾아 하룻밤을 지냈는데 잠자리가 불편해서인지 아침일찍 눈이 떠졌다. 아직 해가 뜨지 않았지만 숙소를 나와 바로 출발했다. 서학로를 조금 걸어가다 춘향로와 만나는 곳에서 우회전한 후 횡단보도를 건너 전주천을 따라 걸었다. 횡단보도를 건널 때 좌우를 여러 번 살피고 자동차 불빛이 안 보이는 것을 확인하고 후다닥 뛰어 건넜다. 어두울 때는 자동차도 혹 사람을 못 봐서 종종 사고가 일어나기에 조심하고 또 조심했다. 도로 위에서는 주인과 손님이 따로 없다. 모두 조심하고 또 조심해야한다. 사고가 난 후 잘잘못을 따져봐야 소용없다. 전주천 옆으로 자전거길이 나있었다. 여기도 해가 뜨면 산책을 즐기거나 자전거를 타는 사람들이 많겠지만 아직 이른 시간이라 아무도 없었다. 전주천을 흐르는 물소리와 이름 모를 새들의 노랫소리만이 나의 백의종군길 도보답사를 응원해주고 있었다.

여러 자연의 소리를 벗 삼아 전주천 둑길을 한 시간 정도를 걸어 월암교를 건너 '신리로'로 접어들었다. '신리로' 옆으로 철길이 놓여있었다. 길 따라 가는데 상관초등학교 건너편에 신리역이 있었다. 예전에 사람들은 신리역에서 기차를 타고 전주 시내를 왕래하면서 볼일을 봤을 것이다. 지금은 상주하는 인구도 줄었지만 도로 포장도 잘되어 있고 전주 시내까지 가는 버스가 20분 간격으로 운행하기에 굳이 기차를 탈 필요가 없어져 폐역이 되었다. 조금 더 가니 신리역공원이 있었고 그 끝에 공중화장실도 있었다. 걷는 도중 공공시설의 화장실을 보면 일단 들어가야 한다. 화장실을 나와 길을 가려는데 멀지 않은 곳에 편의점 간판이 보였다. 바로 달려가 아침을 해결했다. 속을 비우고 속을 채우니 또 걸어갈 힘이 생겼다. 신리마을 끝자락 갈림길에서 남원방향으로 직진하여 춘향로로 나와 전라북도 도로관리사업소 북부지소까지 직진한 후 횡단보도에서 길을 건너 다시 전주천 제방길로 들어섰다.

전주천 왼편을 따라 길을 걷는데 콘크리트 담장 너머로 상관TG

상관면 전주천 제방길 초입

간판이 보였다. 지도를 보니 여기는 17번 국도와 호남고속도로가 동시에 지나는 곳이었다. 고속도로 TG가 있고 국도도 지나간다면 이곳에 도로를 건설할 때는 비교적 유동인구가 많았다는 뜻인데 지금은 예전의 명성에 많이 뒤지는 듯했다. 공덕교에 도달해서 다리를 건너다시 전주천 오른편 제방길을 걸었다. 17번 국도 아래로 굴다리를 건너니 모텔 건물 같은 게 보였다. 가까이 가보니 이미 오래전에 영업을 종료한 듯 건물도 관리가 안 되어 있었고 이후로도 폐허가 된 몇몇 건물들이 계속 이어져 있었다. 알아보니 예전에 이곳은 죽림온천이 있는 유명한 관광지였다고 하는데 지금은 찾는 사람 없는 잊혀진 곳이 되었다. 길을 가다보면 이렇게 방치되어 있는 건물들이 의외로 많은 것에 놀랐다.

죽림온천을 지나 17번 국도 아래를 굴다리 건너서 좌회전했다. 그동안 안전하게 길을 걸었던 전주천 제방길로 더 이상 갈 수 없었다. 여기서 슬치고개까지는 17번 국도를 걸어가야 했다. 굴다리를 통과했을 때 동네 개 한 마리가 나를 쫓아왔다. 표정과 행동을 보니 적대적이거나 경계하는 것이 아니라 사람을 잘 따르는 굉장히 온순한 녀석이었다. 따라오지 말고 집에 가라고 손짓을 하는데도 계속 쫓아왔다. 조금만 더 가면 17번 국도로 들어서는데 이 녀석이 어디까지 따라올지 걱정도 되었다. 놀랍게도 동네 경계에 도착하니 방향을 돌려 동네로 돌아가는데 나를 감시한 것인지 배웅한 것인지 헷갈렸다. 여기부터 약 6㎞ 오르막을 보행자 도로도 없는 큰 길을 걸어야했다. 쭉 뻗은 오르막 도로를 사진에 담으려 핸드폰을 꺼내 셔터를 누르는 순간 내 몸이 휘청했다. 대형 트럭이 내 옆을 아주 가깝게 속력도 줄이지 않고 쌩하고 지나갔다. 그 순간 나도 모르게 입에서 쌍욕이 튀어나왔다. 보행자에 대한 배려가 없다는 게 너무 어이가 없었다. 단 몇 초만 빨리 사진을 찍고 왼편으로 몸을 돌렸다면 나는 그냥 차에 치이는 것이었다. 대부

분의 운전자는 보행자에 대해 배려를 해주며 떨어져서 통과를 하는데 가끔 배려를 잊은 운전자들을 만날 때면 아찔한 생각이 들었다. 안전은 스스로 지켜는 것이라고 나는 더욱 갓길 쪽으로 붙어서 언덕길을 올라갔다.

버섯요리가 일품인 슬치고개 휴게소 맛집

22번째 스탬프함은 슬치고개 정상에 위치한 버섯전골로 유명한 휴게소 식당에 있다. 도착 예상시간도 적당하고 어차피 도장도 찍어야하니 그 식당에서 점심을 먹기로 결정했다. 점심을 먹는다는 생각에 오르막임에도 자연스럽게 걸음이 빨라졌다. 그런데 휴게소는 도로 건너편에 있었고 설상가상으로 휴게소 앞에 횡단보도가 없었다. 발바닥은 저려오는데 횡단보도까지 전진했다가 길을 건너 되돌아 휴게소로 오는데 엄청 손해 보는 느낌이 들었다. 식당 가운데 선명하게 보이는 빨간색 스탬프함을 보니 헤어진 가족을 만나는 듯 기뻤다. 도장을 찍고 식당에 들어갔다. 메뉴판을 보니 버섯전골, 버섯뚝배기 등 버섯요리 전문 식당이 맞는 듯했다. SNS에는 맛집이라고 올라왔는데 손님이 한 명도 없었다. 내가 광고에 낚인 건가? 왜 손님이 하나도 없지. 의구심을 가지면서도 주변에 다른 식당이 없으니 선택의 여지가 없었다. 주문한 음식이 나올 때쯤부터 손님이 한 명 두 명 들어오기 시작하더니 금방 손님이 가득했다. 시내 중심가도 아니고 국도변 휴게소 식당에 이렇게 사람이 많이 몰리는 것에 놀랐고 뚝배기에 나오는 버섯뚝배기탕 맛을 보고 또 한 번 놀랐다. 완전 맛집이었다. 이곳에 스탬프함을 설치한 게 신의 한 수였구나. 식당 입장에서 신의 한 수가 아니라 도보답사자들에게 신의 한 수였다. 답사 중 맛있는 한 끼를 먹으면 엔돌핀이 솟아올라 더 경쾌한 발걸음으로 답사를 할 수 있으니 이곳은 서로 윈윈하는 신의 한 수가 맞다.

위험한 국도를 벗어나 한적한 길을 따라 임실로

식사를 마치고 다시 횡단보도를 건너 슬치마을 비석과 돌로 만든 천하대장군과 지하여장군을 지나 사선4길로 들어섰다. 17번 국도를 벗어나 자동차 위협 없이 호젓하게 걸을 수 있어서 좋았다. 사선4길을 걷다가 관촌전통시장 부근에서 사이 길을 이용해 다시 17번 국도로 내려와 관촌면사무소를 향했다. 마을 입구 로터리 중앙에 붉은 고추 조형물이 있고 건너편에 관촌고추시장이라는 입간판이 붙어 있었다. 이 지방도 고추로 유명한 듯했다.

> 일찍 떠나 오원역에 이르러 말도 쉬고 아침을 먹었다. 조금 있다가 도사가 도착했다.[88]

---

[88] 석오문화재단, 앞의 책, 2023, p.353 (1597. 4. 23)

사선문(아래)과 관촌시장(위)

오원역은 관촌면 관촌리 일대인데 관촌면사무소 부근이라고 한다. 나는 점심을 먹고 한참을 걸어 도착했는데 이순신장군은 이곳에서 아침밥을 먹었다고 기록하고 있다. 물론 조선시대에는 지금과 같이 정형화된 점심식사가 없었다지만 아침에 풍남문을 출발해서 이곳에서 아침밥을 먹었다는 게 내 기준으로는 상상이 되지 않았다. 혹시 점심 같은 아침을 드신 건 아닐까?

관촌면 중심가를 가로질러 오원교를 건너니 옛 성 형태의 거대한

용은교에서 본 임실천

관문이 길을 가로질러 있었다. 가까이 가보니 사선문[89]이었다.

　관촌역사거리에서 우회전해서 섬진강을 건너지 않고 왼편 창인로로 들어서 마을로 들어갔다. 이 마을도 통과하는 동안 길에서 지나가는 사람을 만나볼 수 없었다. 오르막길을 오르는데 예원예술대학교가 있었다. 상주인구가 적고 도심을 이어주는 교통편도 좋지 않아 유동인구도 적은 이곳에 대학교가 있다는 게 의외였다. 정문에도 근무하시는 분도 없었고 학생들도 보이지 않았다. 대학교를 뒤로하고 계속 걷다보니 오른편으로 군부대를 끼고서 산길인지 오솔길인지 구분이 애매한 길을 따라 고개를 넘었다. 두실교를 건너니 다시 춘향

---

89 사선문 왼쪽에는 임실의 대표적인 관광지인 사선대四仙臺가 있다. 그 사선대를 알리기 위해 초입에 사선문을 세운 듯했다. 사선대의 유래는 예전 신선 4명이 이곳의 풍광에 빠져 목욕을 하거나 풍류를 즐길 때 선녀 4명이 내려와서 신선들을 호위하여 어디론가 데려갔고 이후로 해마다 선남仙男선녀仙女가 내려와 놀았다는 전설이 있으며, 이들 네 신선과 네 선녀가 이곳에 머물렀다 해서 사선대라 이름 붙여졌다.

로와 만났다. 옛길은 구불구불한 게 지형을 따라서 자연적으로 형성된 특징이 있고 요즘 길은 건설 기술의 발달로 직선화를 한 특징이 있다. 이런 특징으로 이번 구간은 춘향로를 기준으로 왼쪽으로 갔다가 다시 오른쪽으로 갔다가 산길로 가기도 하지만 다시 춘향로와 만나는 여정을 이어가고 있다. 얼마 가지 않아 용은교를 건너 오른쪽으로 방향을 틀어 '호반로'로 들어섰다. 용은교는 임실천을 건너는 다리인데 임실천은 규모는 작지만 물이 맑고 풍광이 참 아름다워 어렸을 적에 뛰어놀던 시골의 추억이 떠올랐다. 익산에서도 호반로가 있었는데 여기도 호반로가 있었다. 주변에 저수지가 있는지 살펴보니 언덕 아래에 저수지가 보였다. 안내판을 보니 농어촌공사에서 조성한 두곡저수지였는데 규모는 생각보다 크지 않았다. 이 저수지 때문에 호반호가 된 듯했다.

저물어 임실현에 이르니 현감이 예대로 머물도록 했다.
이 고을의 수령은 홍언순이다.[90]

이순신은 임실현에 도착하여 하룻밤을 묵었다. 당시 임실현감은 홍순각으로 이순신이 이곳에 도착했을 때는 현감으로 부임한 지 5개월 정도가 지났을 때였다. 임실현감도 예를 다해서 이순신에게 편의를 제공한 것으로 보인다. 호반로를 따라 내리막길을 걷다 봉황3길을 따라 임실읍사무소에 도착했다. 임실읍사무소는 군청과 멀지 않은

---

[90] 석오문화재단, 앞의 책, 2023, p.353 (1597. 4. 23)

임실읍사무소 정자 23번 스탬프함

곳에 위치해 있었다. 읍사무소 한쪽에 있는 정자로 가서 23번 스탬프
함을 아주 쉽게 찾았다. 패스포트를 꺼내 도장을 찍은 후 잠시 휴식을
취하면서 고민에 빠졌다.

충견의 상징 오수견의 고장으로

아직 해가 중천이고 다음 스탬프함이 있는 오수면까지는 약 14㎞ 거
리라 열심히 걸으면 가능할 수 있겠다는 생각이 들었다. 아주 산길을
가는 것도 아니고 또 플래시와 야광봉 등 야간행군 때 사용할 물건들
도 가지고 왔으니 한 번 가보자는 생각이 들었다. 갈까 말까 망설여질
때는 일단 실행하고 보자. 물 한 모금 마시고 다음 목적지를 향해 길
을 나섰다.

말치 비포장도로

　임실군 법원을 돌아 감천로로 접어들어 가는데 도로 폭이 조금씩 좁아지더니 중앙선도 없어지고 점점 산으로 들어가는 느낌이 들었다. 패스포트 경로를 보니 임실면에서 오수면으로 가는 중간에 말치라는 고개를 넘어가야 한다. 아마 그 고개로 가는 길인 듯했다. 한참을 올라가는데 지도에서 옆으로 빠져 내려가라고 안내를 했다. 지도에서 알려주는 대로 내려가니 폐가도 있고 개집도 있고 밭도 있지만 제대로 된 길은 없었다. 조금 더 가니 수풀이 우거져서 앞으로 나갈 수도 없었고 이 수풀을 헤치고 나가면 길이 이어지는지도 알 수 없었다. 다시 지도를 잘 검색해보니 아까 걸었던 감천로로 계속 걸어가면 중간에 다시 합류해서 오수면사무소로 갈 수 있었다. 뒤로 돌아 오던 길을 다시 걸어서 좌회전 했던 곳으로 돌아왔다. 감천로는 비포장도로지만 숲이 무성해서 오늘같이 햇살이 따가운 날에 걷기는 좋았다.

　비포장도로로 고개를 넘어 오수면 입구인 오암교차로에 도착했다.

오암교차로에 있는 오수의견상

오른쪽에 보니 사람과 개가 함께 있는 동상이 있었다. 바로 오수개[91] 동상이다. 오수에 오수개 동상이 5곳이 있다는 글을 읽었었는데 그 5곳 중 한 곳인 듯했다.

해는 뉘엿뉘엿 저물어가고 아직 갈 길이 1시간가량 남았으니 걸음을 재촉했다. 둔남천을 따라 제방길을 따라가다 오동교를 건너 오

---

91 오수개 설화는 고려 시대 문인 최자가 1230년에 쓴 〈보한집補閑集〉에 기록되어 전해지는데 그 내용은 다음과 같다. 거령현(오수 등 임실군 남부의 고려시대 지명)의 김개인이라는 사람은 기르는 개를 매우 귀여워하여 늘 개를 데리고 다녔다. 하루는 나들이길에 주인이 술에 취하여 돌아오다 취기를 못 이겨 들에 쓰러져 깊은 잠에 빠졌을 때 들불이 일어났다. 번져오는 불길에 주인의 생명이 위태롭다고 느낀 개는 가까운 개울에 뛰어들어 몸을 적셔 주인의 주변을 뒹굴기를 여러차례 한 끝에 불길을 끊어놓고는 기진맥진하여 주인 옆에 쓰러지고 말았다. 얼마 후 잠에서 깨어난 주인은 자기의 생명을 구해주려다 처참하게 죽어간 개의 모습을 보고 슬픔과 감동을 노래하면서 개를 묻어주고 무덤의 표시로 자신의 지팡이를 무덤 앞에 세워두었다. 이 지팡이가 싹이 터서 무성한 나무가 되었다. 이곳 지명인 오수獒樹는 '큰개 오'와 '나무 수'의 합성어다. '개 무덤' 앞에 비목碑木으로 세워둔 지팡이가 싹이 터서 자란 나무 이름에서 유래했다.

수로로 들어섰다. 오수로를 따라 내려오다 길이 오수로와 의견로로 갈라지는 삼거리에 도착했다. 안내에는 계속 오수로로 가라고 되어 있었다. 마을이 가까워지니 오수로 옆에 보행자를 위한 보도가 있어서 마음 편하게 걷기를 할 수 있었다. 오수면사무소에 도착하여 입구 옆에 비치된 24번 스탬프함에서 스탬프를 꺼내 패스포트에 찍었다.

오늘은 평소 걷는 것보다 오버페이스를 한 듯했다. 이제 하루 잠잘 곳을 찾아야 하는데 검색해보니 숙소도 선택의 여지도 없었다. 시설이나 서비스 등은 여관 수준인데 가격은 착하지 않았다. 선택의 여지가 없으니 그냥 빨리 씻고 쉬고 싶은 마음만 가득했다. 오늘도 잘 버텨준 내 신체에 감사하며 하루를 마무리했다.

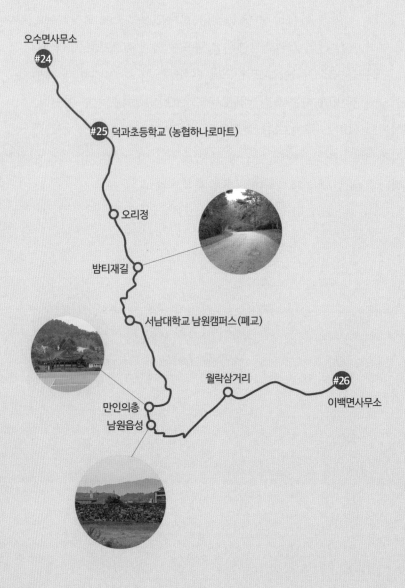

오수면사무소
#24

#25 덕과초등학교 (농협하나로마트)

오리정

밤티재길

서남대학교 남원캠퍼스 (폐교)

월락삼거리

#26
이백면사무소

만인의총
남원읍성

백의종군길 답사 11일차,
춘향이 이야기 따라 만인의총에 이르다

춘향이와 이도령이 넘었던 밤티재길

어제 몹시 피곤했지만 잠을 잘 이루지 못하고 뒤척거리다 겨우 잠들었는데 아침이 되니 눈이 번쩍 떠졌다. 기다릴 필요가 있나 바로 씻고 길을 나섰다. 안내된 경로를 따라가니 원동산공원이 나왔다. 입구에는 3.23만세운동 기념지[92] 라는 작은 안내판이 있고 공원 내에는 의견 동상과 비각이 있었다.

　공원을 한 바퀴 둘러보고 뒤편으로 나가 금양교를 건넜다. 금양교는 숙소에서 나와 오수로를 따라 직진하면 도착하는 곳이다. 왜 공원을 둘러서 이곳에 오게 했을까? 진짜로 420여 년 전에 이순신이 이 공

92　원동산은 1919년 3월 23~24일 만세운동이 시작된 곳이다. 이기송 선생이 오병용, 이만의, 이윤의 등과 함께 장날을 기해 만세운동을 전개하기로 했다. 당일 2,000명의 시위 군중이 모였고 다음날까지 이어졌다.

원 터를 지나서 백의종군길을 걸었을까? 의구심이 들었지만 그 옛날 이순신이 걸어간 길을 어떻게 한 치의 오차도 없이 고증할 것인가? 그냥 넘어가자는 생각으로 다시 걷기를 계속했다. 금양교를 건너기 직전 하늘을 보니 일출의 붉은 기운이 온 하늘을 뒤덮었다. 오늘 날씨도 아주 좋을 듯했다. 다리를 건너는 트럭은 아직 미명이라 라이트를 켜고 운행하고 있었다.

오수로에서 다시 춘향로를 거쳐 덕오로로 들어섰다. 잠시 후 수외천을 건너 덕과파출소를 지나니 남원농협 간판이 보였다. 이제 남원에 들어왔다.

> 일찍 떠나 남원에 이르렀다. 읍에서 15리쯤 되는 곳에서 정철[93] 등을 만났는데, 남원부 5리쯤까지 와서 우리 일행과 작별하였다.[94]

이순신도 나처럼 아침잠이 없으셨는지 난중일기 기록에 보면 매번 일찍 출발했다고 기록되어 있다. 남원 15리쯤 되는 곳이 어딘지 정확한 위치는 모르겠지만 예전에 막하에 있던 정철이 이순신이 온다는 소식을 듣고 먼 곳까지 마중 나왔다. 이런 모습을 봤을 때 이순신이 평소 부하들과 어떤 인간관계를 맺고 있었는지를 미루어 짐작할 수 있었다.

---

93 1585년에 무과에 급제하여 임진왜란이 일어났을 때는 수문장으로 있다가 이순신의 막하가 되었다. 이순신의 부탁으로 곰내(여수시 웅천동)에 있는 자기 집 한 칸을 이순신의 어머니가 기거하도록 비워 준 사람이다.
94 석오문화재단, 앞의 책, 2023, p.353 (1597. 4. 24)

패스포트에는 바로 옆에 있는 덕과농협에 24-1 스탬프함이 있다고 표기되어 있었다. 하지만 이번에도 스탬프함을 찾을 수 없었다. 열심히 찾다보니 한쪽 귀퉁이 빈 소주박스를 쌓아 놓은 곳 옆에 스탬프함이 있었다. 소주박스에 가려서 쉽게 찾기 어려웠다. 공공기관의 건물이 아닌 곳에 스탬프함을 설치할 수 있도록 해준 것만으로 감사해야 하나 하는 생각이 들었다.

스탬프를 찍고 다시 출발하여 덕오로를 하염없이 걷다가 사매교 차로에서 춘향로로 접어들었다. 춘향로는 보행자를 위한 인도가 별도로 있어서 마음 편하게 걸을 수 있었다. 이몽룡과 춘향이의 이야기로 유명한 곳이 남원이다. 한참을 가는데 '춘향이 버선밭'[95]이라는 표

춘향이 버선밭 표지석

---

95 아버지를 따라 한성으로 떠나는 이몽룡을 오리정까지 따라온 춘향이가 눈물로써 떠나보내고 슬픔을 이기지 못하고 신고 있던 버선을 벗어 던져 버린 곳의 밭 모양이 버선처럼 생겼다고 붙여진 이름이다. 이곳은 춘향이고개라고 불리는데 원 이름은 박석치(박석고개)이다. 토사유실을 막기 위해 얇고 넓적한 돌을 깔아놓았다 하여 붙여진 이름이다. 이 박석고개에서 춘향이가 이몽룡과 이별하였다고 한다.

지석이 나왔다.

춘향터널 약 1㎞ 전방에서 왼쪽 밤티재길로 들어섰다. 입구에 '충무공이순신 백의종군로'라는 이정표가 있었다. 그동안 길 안내는 스마트폰 지도와 중간 중간 걸려있는 리본에 의지했는데 이렇게 이정표가 있으면 천군만마를 얻은 기분이 들었다. 산새 소리만 고즈넉하게 들리는 호젓한 길을 평안한 마음으로 걷는데 그래도 오르막길이라 힘이 들기는 했다.

조금 더 가니 이번엔 색다른 이정표가 있었다. '춘향길, 시나브로 걷는 길 여기~서남대 5㎞' 밤티재를 넘는 이 길이 이순신이 넘었던 길이고 이몽룡과 춘향이가 넘었던 길이며 터널이 뚫리기 전에는 남원과 오수를 이어주는 도로였다. 지금은 길 주변의 휴게소는 모두 폐허가 되었고 오가는 차도 없어 사색하며 걷기에 좋은 길이 되었다. 또한 중간 중간 이순신과 춘향이의 스토리를 알 수 있도록 그려진 그림판이 서있었고 개구지게 만든 그림 입간판과 토기로 만든 다양한 모습의 인형들이 있었다. 나는 춘향전을 책으로도 읽었고 영화로도 봤기에 그림이나 인형을 보는 것만으로도 스토리가 머릿속으로 그려졌지만 요즘 젊은 사람들은 이걸 보고 스토리 전개가 될까하는 궁금증이 일었다.

뒷밤재길을 내려와 춘향로로 다시 합류하여 직진하다 광주-대구 고속도로를 지나 만인로로 들어섰다. 만인로는 도로 폭을 넓히려는지 공사가 한창이었다. 덕분에 걷기는 더 힘들었다. 코너를 도는데 오른쪽 약간 위쪽으로 외삼문이 보였다. 길가에 남원 충렬사[96]라는 표지석이 있었다. 남원 충렬사에 8충신을 위해 잠시 묵념을 하고 남원

이도령과 성춘향 형상물

향교로 향했다. 남원 향교 입구 맞은편 안내문이 있는 게시판에 25번째 스탬프함이 있었다. 스탬프함에서 도장을 꺼내 패스포트에 찍는 작은 퍼포먼스는 중간 목표를 달성했다는 표식이면서 계속 걸으라는 무언의 압력이기도 했다.

> 10리 바깥 동면에 있는 이희경 종의 집에 도착했다.
> 슬픈 회포를 어찌 말하랴.[97]

난중일기에 따르면 이순신은 남원부에 들어가지 않고 10리 밖에

---

96 1612년에 건립되었다. 이곳에는 1597년 정유재란 때 남원성 전투에서 전사한 전라병사 이복남, 접반사 정기원, 남원부사 임현, 조방장 김경로를 나중에 추가로 별장 신호, 통판 이덕회, 구례 현감 이원춘, 방어사 오응정 등 8충신을 봉안하였다. 1653년 사액사당으로 인정받았다.

97 석오문화재단, 앞의 책, 2023, p.354 (1597. 4. 24)

있는 이희경의 종 집으로 갔다. 결국 남원향교도 들르지 않았다는 이야기다. 그러면 스탬프함을 향교에 설치할 게 아니라 남원부 관아가 있었던 남원문화원 인근에서 동쪽으로 일정 거리 떨어진 곳에 설치해야 더 세세한 고증이 아닐까하는 생각이 들었다. 또한 이날 난중일기 말미에는 회통여하懷痛如何를 반복해서 썼다. '슬픈 회포를 어찌 말하랴'는 내용이다. 이순신이 말하지 못하고 마음속에 품었던 슬픔은 무엇이었을까?

충절의 상징, 만인의총

남원향교에서 스탬프를 찍고 큰 길로 나서는데 로터리에 만인의총[98]이라는 표지석이 있었다. 여기까지 왔으니 잠시 들렀다가야겠다 생각하고 발길을 돌렸다. 평일이지만 이곳을 찾는 사람이 한 명도 없다는 사실에 놀랐다. 경내의 조형물 하나하나 살펴보면서 충렬사까지 천천히 올라갔다. 이곳 충렬사에는 전라병사 이복남 등 총 20인의 위패를 봉인하고 있다고 했다. 충렬사 뒤로 계단을 오르니 커다란 봉분이 하나 있는데 만인의총이라고 불리기엔 규모가 작았다. 만인의총 앞에

---

98 임진왜란 초기 패인이 호남 점령 실패라 판단한 왜군은 정유재란 시작과 함께 11만 대군으로 전주 점령을 시도했다. 그 중 좌군 5만6천 명은 남원성을 공격하였다. 이에 조명 연합군은 조선군 1천여 명 명군 3천여 명으로 남원성에서 왜군에 맞서 싸웠다. 조명연합군은 8월 13~16일에 왜군을 맞아 치열한 전투를 벌였으나 중과부적으로 성민 6천여 명을 포함한 1만여 명이 장렬하게 모두 순절하였다. 전쟁이 끝난 뒤 피난에서 돌아온 성민들이 시신을 한 무덤에 모셨다. 이후 1977년 유적정화사업이 시행되었고 1999년 이후 순의탑, 기념관 등이 건립되었다.

남원 만인의총 충렬사

서 잠시 묵념을 하고 천천히 남원읍성을 향해 길을 나섰다.

남원읍성은 만인의총과 가까운 곳에 위치해 있었다. 기록에는 성의 둘레는 3.4㎞, 성벽의 높이는 4m였고 전투 중 대부분의 건물이 불타고 민가 몇 채만 남았다고 할 정도로 처절한 전투를 벌였던 곳이다. 지금은 일부 성벽만이 남아있었는데 평지에 석축을 쌓아서 세운 성이라 방어면에서 상당히 취약하다는 인상을 받았다. 이런 읍성에서 어떻게 14배 규모의 왜군을 맞아 4일간 성을 방어했는지 상상이 가지 않았다. 모두 죽음을 무릅쓰고 성을 지키려 했던 것이다. 나는 아픈 역사의 현장을 둘러본 후 다음 목적지인 이백면사무소를 향해 발걸음을 옮겼다.

이백면으로 가기 위해서는 중심가를 지나가야 하는데 그곳을 지나면 식당을 찾기가 어려울 듯해서 눈에 띄는 식당 중 가장 가까운 곳

정유재란 시 치열한 전투가 벌어졌던 남원읍성

으로 들어갔다. 걷기 위해선 고기도 좀 먹어줘야 하니까 육회비빔밥을 주문하였다. 음식이 나왔는데 밥이 돌솥밥이고 국은 내가 좋아하는 선지국이었다. 딱 내 스타일의 식사를 맛있게 먹고 계산대에서 계산을 하는데 사장님이 나의 옷차림을 보고 "국토종주하세요?"라고 물어본다. "백의종군길 답사 중입니다."라고 답했더니 "의미 있는 일 하시네요."라며 응원을 해줬다.

에너지를 충전했으니 이백면사무소까지 한걸음에 가보자는 마음으로 나섰다. 요천을 따라 요천로를 걷다 월락삼거리에서 이백로로 들어섰다. 이백교를 건너자 버스정류장 옆에 작은 팻말로 백의종군길 안내 표지판이 있었다. 정류장 이름이 폐문이다. 뭘 닫아야하는 건지 이름이 참 재밌었다. 여기서 이백로를 따라 약 5㎞를 걸어가면 이백면행정복지센터에 도착한다. 길이 단순해서 헤맬 일도 없었고 보도도 잘 정비되어 있어서 안전하게 걸을 수 있어서 좋았다. 반면에 주변에 마을도 없고 도로가 단순하게 쭉 뻗어있어서 걷기에는 지루한 길이었다. 단순한 길을 걷다보니 피로도는 더 빨리 오는 듯했다. 피로를 조금이라도 풀어보려고 멀리 보이는 지리산 능선들을 바라보며 걷다보니 이백면 행정복지센터에 금방 도착했다. 이백면 행정복지센터 현관으로 가서 26번째 스탬프를 찍었다.

작은 목표를 달성한 후 내일 일정이 있어서 오늘 집으로 돌아가야 하는데 어떻게 할까를 생각했다. 다음 목표인 운봉까지는 산길인 여원재를 넘어서 가야하고 운봉에서 집으로 돌아가는 교통편도 쉽지 않아 여기서 일정을 멈추고 집으로 돌아가는 것으로 결정을 했다. 버스정류장에 앉아서 언제 올지도 모르는 버스를 하염없이 기다리지 않고 택시를 호출했다. 운이 좋은 건지 바로 택시가 잡혀서 3분 만에 택시가 왔다. 여기는 버스 간격이 길어서 대중교통을 이용하려면 많이 불편하지 않은지 물었다. 주민들은 버스 시간표를 거의 꿰고 있어서 불편함이 하나도 없단다. 역시 사람은 환경에 잘 적응하는 집단이다. 남원역에 도착해서 차표를 끊고 잠시 대합실에서 캔 커피를 하나 마시면서 이번 여정을 마무리 했다.

여원재 휴게소

경마축산
고등학교

양가제

여원치
마애불상

#27
운봉초등학교

이백초등학교

#26 이백면사무소

운봉에서 순천으로
가는 원래 여정

행정교

운봉에서 순천을 향해
필자가 걸었던 길

구룡폭포

춘향묘

남원호텔

백의종군길 답사 12일차,
한쪽 길이 막히면 다른 길이 열린다

이순신과 유정이 걸었던 길, 여원치 옛길

> 아침 식후에 길을 떠나 운봉 박룡의 집에 들어가니 비가 크게 퍼부
> 어 머리를 내놓을 수 없었다.[99]

이순신은 남원부 동편 10리 밖에서 하루를 보낸 후 아침을 먹고 운봉으로 출발했다. 남원을 출발 백암천을 따라 이백면까지 와서 여원치를 넘어 운봉까지 가는 경로였다. 한국걷기연맹에서 제작한 패스포트에서 운봉으로 가는 경로를 봤더니 이백로와 황산로 등 도로를 따라가는 것으로 안내가 되어있었다. 핸드폰 지도로 검색하니 양가제를 지나 산길을 이용하여 여원치 정상으로 가는 길을 안내하고

---

99 석오문화재단, 앞의 책, 2023, p.354 (1597. 4. 25)

있었다. 이백로와 황산로 등은 근대에 만들어진 도로라 이순신이 운봉으로 갈 때 양가제쪽 산길로 갔을 거라는 생각이 들었다. 혼자 산길을 가는 게 위험하기는 하지만 그래도 산길로 가기로 결정했다.

이백면 행정복지센터 옆 하나로마트에서 물과 간식을 구입했다. 하나로마트 문을 열고 들어갔는데 지금까지 보아왔던 그런 마트가 아니었다. 워낙 이용하시는 분들이 적어서 그런지 편의점 규모의 소규모 마트였고 물건도 많지 않았다. 꼭 필요한 생수 몇 병과 과자 하나를 사서 나왔다. 이백초등학교를 지나 평촌길과 목가길을 따라 양가제 방향으로 올라갔다. 조금 걸어 마을을 벗어나니 왼쪽은 논이 펼쳐져 있고 오른쪽은 목가천이 흐르고 있었다. 인가는 보이지 않는 것이 본격적으로 산행을 해야 할 지점에 도착했다는 느낌이 들었다. 산길 입구에 깔끔한 외형의 건물이 보였는데 부각[100]을 만드는 공장이었다. 공장 오른편에 높이가 있는 경사면이 보였는데 그곳이 양가제 제방인 것 같았다. 오른쪽 산길로 들어가라고 알려주는 이순신 백의종군길 표지에 여원치까지 3㎞, 운봉초등학교까지 6.5㎞ 남았다 알려주고 있었다.

산길로 들어서니 플래카드가 걸려있어 이 산 중에 웬 플래카드지라는 궁금증을 가지고 가보니 남원시관광협의회 주관의 '제4회 이순신장군 백의종군로 걷기행사'를 알리는 플래카드였다. 남원에서 걷기

---

[100] 한국 전통의 튀김류 음식이다. 채소 및 해조류를 말린 후 보존을 위해 찹쌀풀을 먹여 튀긴다.

남원 양가제 인근에 걸린 백의종군로 걷기 플래카드

행사를 한다는 기사는 봤는데 거기에 내가 참가할 줄 미처 몰랐다. 코로나가 극성이라 모여서 단체로 걷기는 하지 못하고 협회에서 여원치까지 약 3㎞ 경로에 미리 설치해둔 포토존을 배경으로 셀카를 찍어 협회 홈페이지에 올리면 소정의 상품을 준다고 공지하고 있었다. 어차피 가야할 길인데 이렇게 이벤트도 참여하고 상품까지 받을 수 있다고 생각하니 기분이 좋아졌다.

저수지 둘레를 따라 올라가는데 아름드리나무들이 한 곳에 쌓여 있었다. 자세히 보니 지난번 장마 때 물난리가 나면서 산 위쪽에서 떠내려 온 듯했다. 평소엔 걷기에 편안한 산길이지만 비가 올 때는 산길을 지양해야겠다는 생각을 또 하게 되었다. 조금 더 올라가니 하늘색 바탕에 '얼굴과 안내판이 함께 나오도록 예쁘게 "찰칵"'이라는 글귀가 있는 포토존 안내판이 세워져있었다. 일단 셀카를 찍었다. 조금 더 올라가니 '백의종군길 탐방객 여러분께'라는 제목의 플래카드가 있었다. 내용은 '걷고 있는 백의종군길 옛길은 국유지지만 그 좌우는 개인

이백면에서 여원치 가는 옛길

소유의 사유지니 분쟁 방지를 위해 임산물 무단 채취와 우측 수목원 무단 진입 등을 금지한다.'는 내용이었다. 남원시에서 불필요한 문제 발생을 사전에 막기 위해 안내문을 붙여놓은 것이다.

비록 산길이지만 넓은 길을 보니 예전에는 많은 사람들이 지나다녔을 것으로 짐작할 수 있었다. 지금은 사람들이 많이 다니지 않아서 중간 중간 헷갈리는 부분도 있었지만 한국걷기연맹에서 제작한 빨간 리본이 군데군데 달려 있어서 산행이 훨씬 수월했다.

산새 소리를 들으며 산길을 걸으니 콧노래가 절로 나오고 그냥 뒷산에 놀러온 것처럼 발걸음도 가볍고 기분이 좋았다. 중간에 가는 길이 애매해서 지도와 주변 지형을 살펴보았는데 왼쪽 내리막길로 가야 제대로 가는 것이었다. 길을 찾았다는 생각에 첫발을 크게 내딛는데 내 몸이 공중에 붕 뜨더니 엉덩방아를 찧었다. 흙길이고 수북하게 쌓여있는 낙엽이 충격을 흡수해서 다치지는 않았지만 자칫 부상을 당할 뻔했다. 산행을 할 때는 주의하고 또 주의해야하는데 잠시 경계심이 풀렸던 것 같았다. 정신을 차리고 산행을 계속하는데 갑자기 길이 없어져버렸다. 이리 저리 돌아봐도 이쪽으로 가는 것은 아닌 듯했다. 지형을 살피고 지도와 대조해 봐도 도대체 어디로 가야하는지 헷갈렸다. 가만히 보니 아래 보이는 냇물 건너편으로 길이 보이는 듯했다. 그런데 내가 있는 곳에서 냇가로 내려가려면 경사가 급한 비탈을 타고 내려가야하는데 너무 위험했다. 혼자 산길을 갈 때 가장 중요한 것은 안전에 유의해야 하는 것이다. 경사가 덜한 곳을 찾아 왔던 길을 따라 아래쪽으로 조금씩 내려왔다. 다행히 냇가로 내려가기 수월한 곳이 나와서 쉽게 건널 수 있었다. 냇물을 건너 좀 전에 봤던 곳으로 올라가니 길이 보였다. 산길을 가다가 경로에서 벗어나면 가장 먼저 해야 할 일은 잠시 멈추고 내가 어디에 있는지를 파악하는 것이다. 자칫 자신의 위치를 파악하지 못하고 이리저리 헤매다가는 목표에서 더 멀어지거나 위험한 곳으로 갈 수 있기 때문이다.

다시 찾은 길은 계속 오르막이었다. 이제 여원치 정상으로 가는 것 같았다. 가는 도중 길 옆에 큰 바위에 한자가 각인된 것을 보았다. 다행이 한자 해석이 되어 있었다.

> 1594년 3월 왜군을 정벌하러 온 중국 예장 출신 호가 '성오'인 유정 장군이 이곳을 두 번째 지나가다.

포클레인으로도 옮기는 것도 쉽지 않은 크기의 바위에 명나라 유정장군[101]이 지나간 길이라 기록이 되어있으니 이 길이 이순신도 지

여원치 가는 옛길에 유정이 두 번 지나갔다는
글이 쓰여있는 바위

나간 옛길이 틀림없다는 확신이 들었다. 사진을 찍고 계속 오르막길을 가는데 자동차 소음이 점점 크게 들리는 게 여원치 정상이 가까워온 듯했다. 거의 정상에 도달했을 때 한쪽 바위에 불상이 조각된 것을 봤다. 안내판에 '여원치 마애불상'[102]이라고 설명이 되어 있었다. 오늘 이백에서 여원치로 오는 옛길을 걸으면서 정유재란 때 역사적 장소와 이성계 관련 장소를 볼 수 있어서 의미 있는 날이 되었다. 만약 옛길이 아닌 포장된 국도로 돌아갔더라면 이런 역사적 장소를 못 볼 뻔했다.

불상을 뒤로하고 '운성대장군(雲城大將軍, 운성은 운봉의 옛 지명이다)' 석상이 있는 좁은 나무계단을 올라 황산로로 들어섰다. 황산로 역시 보도가 없어서 최대한 긴장하면서 걸음을 재촉했다. 내리막길을 가는데 이정표에 '한국경마축산고등학교'가 있었다. 경마와 관련된 전

---

101 임진왜란 때 명군을 이끌고 참전하였다. 정유재란 때 이여송이 병수상서 석성에 의해 탄핵 당한 후 명군의 지휘권을 인계받아 총병이 되었다.
102 여원치 정상 부근 바위에 새긴 것으로 고려시대 때의 것으로 추정하고 있다. 불상 옆에 운봉현감 박귀진이 지은 글에 따르면 조선 태조 이성계의 꿈에 한 노파가 나타나 이성계가 황산싸움에서 승리할 것이라고 예언하였는데 실제 황산싸움에서 승리한 후 그 노파에게 감사하기 위해 만들었다고 한다. 불상의 높이는 2.5m 어깨 폭은 1.1m다. 불상 앞면으로 건물을 구성한 것으로 보이는 시설이 있어 예전에는 불상 보호각이 있었던 것으로 추정하고 있다.

백의종군길 1700리

운봉 경마축산고등학교 인근의 가을 하늘

문가를 양성하는 특화된 학교 같았다. 살랑살랑 부는 바람 따라 이리
저리 흩날리는 억새 너머로 보이는 학교와 하늘의 풍광이 너무 아름
다웠다. 도시에서는 절대 볼 수 없는 풍광이었다. 길을 나서야 보이는
것들이 이렇게 아름다울 수 있을까 감탄사가 절로 나왔다.

　마산교를 건너니 백의종군길 이정표가 왼쪽 좁은 길을 가리키고
있어 좌측 길로 들어섰다. 좀 전에 걸었던 큰 길도 황산로인데 지금 걷
고 있는 작은 길도 황산로이다. 같은 지역에서 도로명이 중복된다는
게 신기하고 재미있었다. 서림교를 건너 남원 서천리 당산[103](국가민족
문화재 제20호)을 지나 27번 스탬프함이 있는 운봉초등학교로 향했다.
가는 도중 지리산둘레길 제2구간(운봉 > 인월) 안내판이 눈에 띄었다.

---

[103] 당산은 마을의 수호신인 당산신을 모시고 마을의 풍요와 평안 등을 기원하는 제사를
　　지내는 곳이다. 이곳에는 '방어대장군' '진서대장군' 한 쌍의 돌장승이 서있다. 이들은 악한
　　기운을 막는다는 의미를 가지고 있다.

운봉초등학교

여기서부터 백의종군길이 지리산둘레길과 혼재되었다는 생각은 지울
수 없었다.

> 거기서 들으니 원수는 벌써 순천으로 갔다고 하므로 곧 사람을 금부
> 도사에게 보내고 그곳에 머물렀다.[104]

도원수 권율이 경상도에 있는 것으로 알고 있던 이순신은 남원에
서 운봉과 인월을 거쳐 경상도로 넘어가려고 했다. 운봉에 도착했을
때 비가 많이 내려 박산취의 집에 들어가 있었는데 거기서 권율이 순
천으로 떠났다는 소식을 듣게 된다. 그 소식을 듣고 어디로 가야할지
잠시 혼란스러웠을 것이다. 당시 상황을 그려보는 가운데 27번 스탬

---

104 석오문화재단, 앞의 책, 2023, p.354 (1597. 4. 25)

프함이 있는 운봉초등학교 정문 앞에 도착했다. 패스포트에 도장을 찍고 점심 식사를 위해 주변에 식당을 찾아 들어갔다.

백의종군길이 아닌 지리산둘레길 걷기

이순신은 운봉에서 권율장군이 갔다는 순천으로 가기 위해 왔던 길을 되돌아서 이백면을 지나 순천으로 향했다. 한국걷기연맹에서도 다음 목적지인 주천면 외촌 지리산 둘레길 안내센터까지 경로를 이백면 행정복지센터까지 왔던 길로 되돌아 간 후 장백산로로 가는 길로 안내하고 있었다. 식사를 하면서 다음 경로를 어떻게 갈지 생각했다. 왔던 길을 다시 가는 것보다는 단풍철이기도 하니 지리산 둘레길로 한 번 가보는 것도 좋겠다는 생각이 들었다. 인터넷에서 운봉-주천 지리산 둘레길을 검색하니 일반도로와 산길을 왔다 갔다 하는 약 16㎞의 경로가 나왔다. 대략 4시간 30분 정도면 갈 수 있으니 시간도 여유가 있었다.

다양한 산나물이 듬뿍 들어간 산채비빔밥으로 배를 두둑하게 채우고 바로 출발했다. 지리산 둘레길 이정표는 백의종군길 이정표보다 조금 더 체계적으로 세워져있는 느낌을 받았다. 행정교를 건너 주촌천 제방길을 따라 걸었다. 제방길을 걸어가는데 저 앞에서 뭔가 꼬물꼬물 움직이는 게 있었다. 가까이 가보니 새끼 뱀이 제방을 가로질러 가는 중이었다. 여기는 도심이 아니라 숲에 뱀이 서식한다는 것을 잠시 잊고 있었다. 내가 등산스틱을 들고있는 것도 보행보조용으로

덕산저수지 갓길에서 바라본 지리산자락

쓰는 용도 외에도 개가 달려들 때나 뱀 같은 것들을 만났을 때 퇴치하려고 들고 있다는 사실을 다시 한 번 각인했다. 덕산교에서 운봉로로 나와 우암공가족묘원 비석을 따라 올라갔다. 소나무가 울창한 게 피톤치드가 막 뿜어져 나온다는 생각을 해서 그런지 숨을 들이쉴 때마다 정신이 더 맑아지는 느낌이었다. 주변을 한 바퀴 둘러보니 내가 지리산 주변을 걷고 있는 걸 실감할 수 있었다. 산세와 하늘의 조화가 너무 아름다웠다. 이래서 바쁜 일상에서 벗어나 힐링을 위해 지리산 둘레길을 찾는구나 하는 생각이 들었다. 이 아름다운 풍광과 느낌을 사진으로 담으면 제대로 표현이 안 된다는 게 너무 아쉬웠다. 핸드폰 카메라의 한계라고 인정하면서 눈으로 멋진 풍광을 듬뿍 담았다.

덕산저수지 외곽을 돌아 구룡폭포길을 따라 갔다. 미륵정사 표지석을 지나 오른쪽 산길로 들어가는 입구가 나왔다. '사유지를 개방해준 주민들게 감사하자.'는 문구가 있었다. 감사한 마음으로 산길을 약 200m 정도 갔는데 산길이 출입통제 테이프로 가로막혀 있었고 수해로 둘레길이 유실되어 출입을 통제한다는 안내문이 붙어 있었다. 산길이 막혀 어쩔 수 없이 구룡폭포길로 다시 나왔다. 조금 더 가면 구룡폭포길로 올라갈 수 있는 길이 다시 나오니 그곳으로 올라가서 지리산 둘레길에 합류하기로 했다. 약 2km 정도를 더 걸어서 구룡폭포로 들어가는 길이 있는 곳까지 갔더니 거기도 탐방로 유실로 탐방객 안전을 위해 출입을 전면통제를 한다는 입간판과 함께 출입통제가 되어 있었다. 이제 오늘 목표지까지 가기 위해 다시 운봉으로 돌아가서 이백로 장백산로를 이용하거나 '정령치로'를 따라서 주촌면으로 가는 2가지 방법 중 하나를 선택해야했다. 해가 지는 시간을 고려할 때 운봉으로 돌아가 여운치를 통과하기엔 시간이 촉박했다. 차라리 정령치로를 따라 가다 해가 지면 손전등을 켜고 천천히 걷는 게 산길로 가는 것보다 안전하겠다는 판단이 들었다.

구룡폭포길을 걷다 내기삼거리에서 오른쪽으로 돌아 정령치로 진입했다. 정령치로는 계곡을 따라 굽이굽이 돌고 또 돌아 주촌면을 향해 달려간다. 굽이도는 도로도 운치가 있었지만 정령치로 좌우로 울긋불긋하게 물든 단풍들이 뽐내는 아리따운 자태가 일품이었다. 비록 예정된 길로 가지 못한 것이 아쉽기는 하지만 아름다운 단풍뷰가 아쉬움을 달래고도 남았다. 길과 단풍이 어우러져 가을의 운치를 더하니 김영랑 시인의 '오-매 단풍 들것네' 시가 머리를 맴돌았다.

"오-매 단풍 들것네."

장광에 골 붉은 감잎 날라와

누이는 놀란 듯이 쳐다보며

"오-매 단풍 들것네."

　주변경관을 즐기는 것도 잠시 해가 지면서 빨리 걸어야겠다는 생
각만 가득해졌다. 길 옆에 춘향묘 표지석이 있는데 과연 여기가 진짜
춘향묘일까? 하는 의구심도 들었지만 그것보다 빨리 숙소에 도착하
려는 마음이 더 컸기에 올라가 보지는 않았다. 계곡의 어둠은 도심보
다 더 일찍 찾아와 주변을 순식간에 암흑으로 바꾸었다. 배낭에서 손
전등을 꺼내 불을 밝히고 길을 재촉했다. 오면서 예약한 숙소에 거의
도착했다. 거리는 가로등만 켜져 있었고 오가는 사람과 차도 하나 없
이 너무도 고요했다. 주변을 아무리 찾아봐도 문을 연 식당을 찾을 수

없었다. 설상가상으로 문을 연 가게도 찾을 수 없었다. 나중에 안 사실이지만 이곳 주민들은 장을 보거나 식사를 할 일이 있으면 대부분 차를 이용해서 약 6㎞ 떨어진 남원 시내로 나간다고 했다.

27-1번 스탬프를 찍으려면 숙소를 지나 왕복 약 1㎞ 거리를 갔다 와야했다. 오늘은 너무 피곤하고 배도 고파서 더 걸을 수 없었다. 어차피 가는 길이니 내일 아침에 스탬프를 찍기로 하고 숙소로 바로 들어갔다. 방 배정을 받자마자 들어가 일단 씻었다. 씻고 나서 배낭을 열어보니 아침에 구매한 에너지바가 3개 있었다. 일단 2개를 저녁으로 먹었다. 하나는 내일 아침으로 먹으려고 남겨놓았다. 오늘은 우여곡절이 있었지만 그래도 늦은 시간까지 안전하게 목적지에 도착했으니 감사한 하루였다.

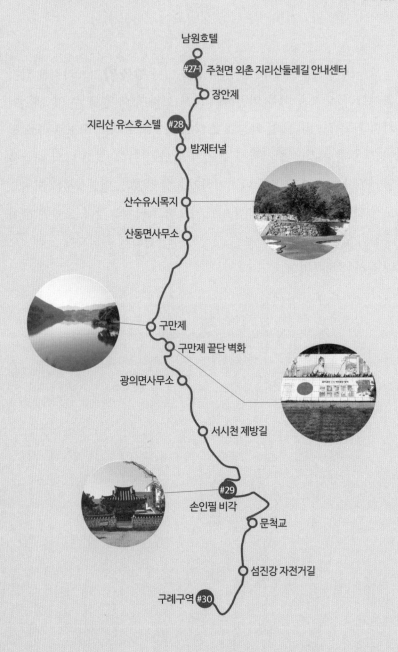

남원호텔

#27-1 주천면 외촌 지리산둘레길 안내센터

장안제

지리산 유스호스텔 #28

밤재터널

산수유시목지

산동면사무소

구만제

구만제 끝단 벽화

광의면사무소

서시천 제방길

#29
손인필 비각

문척교

섬진강 자전거길

구례구역 #30

백의종군길 답사 13일차, 당당하게 나가면 길이 열린다

밤재터널 2차선을 독차지하고 걷기

주말 이른 시간이라 거리엔 오가는 사람 한 명 볼 수 없었다. 어제 너무 피곤해서 27-1 스탬프함까지 가지 못해서 아침에 지리산 둘레길 주천안내센터에 들렀다. 센터는 문이 닫혀있었고 안에 인기척이 없는 것으로 봐서 직원이 아직 출근하지 않은 것 것 같았다. 센터에 특별히 볼 일이 없으니 직원을 찾을 일도 없었다. 스탬프함에서 스탬프를 꺼내 패스포트에 찍고 다음 길을 향했다.

원천초등학교 펜스를 따라 외평2/3/1길을 지나 장안용궁길을 따라 걷다 보니 장안제에 도착했다. 장안제를 오른편으로 끼고 좁은 포장도로를 따라 걸어갔다. 내용궁길은 예전부터 농사지을 때 소 달구지 끌고 짐을 운반하던 그런 길에 도로포장만 한 듯 차 한 대가 겨우

지리산 둘레길 주천안내센터에 있는 27-1 스탬프함

지나갈 수 있는 좁은 길이었다. 혹 차량이 마주치면 어떻게 하나 하는 쓸데없는 걱정도 했다. 아침 산행을 하면 주변이 고요함에 쌓여있는데 그 느낌이 너무 좋았다. 고요한 적막을 깨는 산새소리와 바람에 스치는 나뭇잎 소리가 거슬리지 않고 사람의 마음을 더 평온하게 해줬다. 이런 느낌을 온전히 받으며 산길로 접어들었다. 혼자 걷기를 하다보면 장단점이 있지만 이런 산길을 걸을 때는 혹여 일어날지 모를 긴급 상황으로 혼자 걷는 게 좀 부담스럽긴 했다. 하지만 오늘 길은 지리산 둘레길과 겹치는 부분이라 이정표가 잘 되어있어 길을 잃어버릴 부담은 없었다. 이 구간을 온전하게 지날 때까지 나만 조심하면 되겠다. 한국 걷기연맹의 리본과 지리산 둘레길 이정표 덕분에 어렵지 않게 28번 스탬프함이 있는 지리산유스캠프 입구에 도착했다. 얼른 달려가 패스포트에 스탬프를 찍었다. 오늘 아침 산행은 가벼운 몸풀기였다.

스탬프를 찍고 밤재로 올라가기 위해 굴다리를 지났다. 하지만 밤재로 올라가는 길 입구가 차단되어 있었다. 밤재는 옛길로 알고 있고 폭도 넓어서 일부가 유실되었어도 웬만하면 사람이 걸어갈 정도는 될 것 같은데 피해규모를 알 수 없으니 길이 막혀 다시 돌아와야 하는 경우도 생길 수 있기도 하고 홀로 산행을 하는 위험도 있어서 밤재로 가는 경로는 포기하기로 했다. 이제 내가 선택할 수 있는 길은 19번 국도를 이용해서 산수유마을로 가는 방법밖에 없었다. 중간에 터널이 있는데 터널 내부를 걸어서 간다는 것은 정말 위험한 일이지만 방법이 없었다. 손전등과 경광봉을 켜고 최대한 벽 쪽에 붙어서 가면 될 듯싶었다. 웅치윗길을 지나 19번 도로에 진입했다. 길 옆으로 최대한 붙어서 걷는 나를 차량들은 무심하게 빠른 속도로 지나갔다. 자기들도 오르막길이라 출력을 낮추기 어렵겠지만 사람이 있으면 조금 떨어져서 지나가 주면 얼마나 고마울까 하는 생각이 들었다. 터널이 보이는 곳에서 배낭을 열어 손전등과 경광봉을 꺼냈다. 두 장비의 작동상태를 확인하고 터널을 향해 직진했다. 터널 입구에 공사를 알리는 입간판이 서있었다. 1차선으로만 차량들이 다닐 수 있도록 주황색 고깔로 2차선을 차단했다. 터널에 진입하니 조명도 밝고 2차선을 통제해놓아서 2차선 도로를 나 혼자 독차지하고 여유롭게 걸었다. 이런 일이 일어날 줄은 꿈에도 몰랐다. 밤재를 오르지 못한 것은 아쉽지만 터널 한 차선을 전세내서 걸어가는 경험도 흔하지 않은 일이기에 즐겁게 걸을 수 있었다. 문제에 직면하기 전에 먼저 고민하지 않고 당당하게 부딪히니 더 좋은 경험을 할 수 있었다.

터널을 나와 19번 국도 옆으로 나란하게 나있는 용산로를 따라 내

2차로가 통제된 밤재터널

려갔다. 밤재 정상을 기점으로 전라북도와 남도가 나뉘는데 터널을
지났으니 전남으로 진입한 것이다. 용산로 옆은 계곡이 깊은데 중간
중간 도로 끝부분이 붕괴된 곳이 있어 위험해 보였다. '온천과 산수
유의 고장 구례'라는 커다란 간판이 보였다. 길을 내려오면서 주변
에 빨간 열매가 탐스럽게 매달려있는 산수유나무가 많이 보여서 이
곳이 산수유의 고장이 맞다는 것을 실감했다. 산동면 계척마을 표지
석을 보고 우측으로 방향을 틀어 산수유 시목지로 향했다. 마을 초입
에 계척마을 유래비가 있어서 읽어보니 임진왜란과 관련이 있었다.
계척마을은 임진왜란 때 오씨와 박씨가 난리를 피해서 정착한 것이
마을의 유래였다. 계척마을 유래비를 지나 산수유 시목지[105]에 도착

---

105 시목지에 있는 산수유 나무는 1,000년 전 중국山東省에서 가져와 우리나라에서 가장 먼저
심은 산수유나무 시조이다. 달전마을의 할아버지 나무와 더불어 할머니 나무라고 불리워
지고 있으며 여기에서 우리군을 비롯한 전국에 산수유가 보급되었다고 한다. 산동면의
지명도 산수유에서 유래된 것으로 보며 열매는 신장 계통에 특효가 있다.

구례산수유 시목지 이순신 관련 조형시설

했다. 시목지에 있는 산수유는 보호수로 지정되어 있었는데 수령이 1,000년이나 되었다. 나도 이렇게 큰 산수유는 처음 봤다. 그런데 여기서 잠시 의문이 들었다. 계척마을 유래비에는 임진왜란 때 마을을 형성했다고 했는데 이 산수유는 1,000년 전에 이곳에 심었다고 했다. 그러면 그 사이에 있던 마을이 없어졌다 다시 생긴 건지 아니면 산수유를 가져온 그 가족만 홀로 살다가 임진왜란 때 마을을 형성한 건지 아리송했다.

산수유나무 전면 넓은 공터 한쪽에 이순신장군과 관련된 시설물이 있었다. 대리석 담장에 이순신 생애, 백의종군 행적, 백의종군 구례 행로, 남도 이순신길 탐방 안내 등을 소개해놓았는데 상당히 신경써서 만든 느낌을 받았다.

이순신 관련 기록을 찬찬히 살펴본 후 산수유 뒤편에 있는 정자로 가서 28-2번 스탬프함을 찾아 패스포트에 도장을 찍었다.

가는 곳마다 이순신 벽화 가득

계척마을 표지석 방향으로 돌아가서 용산로로 들어섰다. 산동면행정 복지센터까지 19번 도로 옆으로 나있는 이름도 없는 작은 도로를 따라가면 된다. 별 어려움 없이 산동면에 도달했다. 옛길을 걸을 때 마을이 나타나면 시간에 구애받지 말고 무조건 식사를 해야 한다. 아점을 먹기 위해 식당을 찾았지만 아쉽게 그 시간에 영업하는 식당이 없었다. 멀리 하나로마트 간판이 보였다. 가다가 버스정류장이나 정자가 나오면 잠시 앉아서 적당히 허기를 해결할 생각으로 들어가 음료와 빵을 사들고 나왔다. 조금 가다보니 산동5일시장이 나왔는데 장이 서지 않는 날인지 공간이 텅텅 비어있었다. 물건을 진열하는 좌판 한쪽 끝에 쪼그리고 앉아서 구입한 빵과 음료로 허기를 달랬다.

다시 걷기를 시작하고 오른쪽 한천교를 건너니 바로 정자가 하나 보였다. 점심을 조금 참았다가 저 정자에서 먹었으면 훨씬 좋았겠다는 생각이 들었다. 정자에 도착했더니 할머니 두 분이 정자에서 나오시면서 나에게 어디서 왔냐고 물으셨다. 서울에서 왔다고 말하니 내 차림을 보고 걸어왔냐고 물으시면서 우리가 청소를 말끔하게 해놨으니 편안하게 쉬다가 가라고 말씀하셨다. 감사하다고 말씀드리고 정자에 가서 안내판을 보고 정자의 명칭이 운흥정[106]이고 전라남도 문

---

[106] 운흥정은 1926년 지역 선비들이 문학 단체인 '시사계'를 조직하여 지역의 미풍양속과 시의 기풍을 발전시키기 위해 산동면 시상리와 외산리의 경계 지점인 운흥용소 위에 만든 정자이다. 우리나라의 전형적인 정자의 모습을 하고 있으며 맞은편에는 세종 4년(1422) 하연이 전라도 감사로 있을 때 꿈에 용을 보았다는 일화를 새겨둔 하연비가 있다.

구례군 산동면 운흥정

화재 자료 제31호라는 것을 알았다. 잠시 정자 앞 나무그늘이 드리워진 바위에 앉아 맑은 냇물을 보며 흐르는 물소리를 들으니 토정비결에 문외한인 나도 이곳이 명당이라는 것을 알 수 있었다. 모자와 신발을 벗고 산들바람에 흐르는 땀을 닦으며 여유로움을 가졌다.

운흥정 앞 철제 다리를 건너 서시천 제방길을 따라 하염없이 걷고 또 걸었다. 세침교에서 오른쪽으로 방향을 틀어 다리를 건너니 앞에 거대한 저수지가 보였다. 구만제저수지는 규모가 엄청 컸다. 잔잔한 물 위로 주변 산과 하늘이 그대로 비친 모습이 정말 환상적이었다. 거기에다 저수지 길 양 옆으로 울긋불긋 오색을 뽐내는 나뭇잎들을 보노라니 힐링이 저절로 되었다. 저수지를 따라 치즈랜드를 향해 가다 보니 저수지 반대편에 나무로 된 길이 보였다. 거리가 멀어서 자세하게 볼 수는 없었지만 산책로였다. 그리고 지도상으로는 그쪽 길로 간다면 다리를 두 번 건너는 수고를 덜 수 있을 뿐만 아니라 거리도 더 짧은데 지금 왜 돌아가는 길로 안내하는 것일까? 이리저리 생각해도 답을 알 수 없어서 그냥 이유가 있을 거라 생각하고 걷기에 집중했다. 구만제 끝에서 다리를 건너 다시 구만제로로 들어서니 벽면에 남도 이순신길 백의종군로 벽화가 있었다. 처음에는 벽화인 줄 알았는데 가까이 가보니 모자이크처럼 타일을 한 장 한 장 붙여서 그림을 만든 것이었다. 다리 옆 정자에 앉아 그림을 감상하면서 발바닥 마사지로 피로를 풀었다. 먼 길을 가려면 중간 중간 무리하지 말고 적절하게 휴식을 해줘야 몸도 탈이 안 나고 더 빠르게 갈 수 있다는 게 진리다. 휴식 후 구만제길을 따라 계속 가다가 구만리 표지석이 있는 버스정류장에서 오른편 마을길로 들어섰다. 버스정류장 옆에 처음 보는 시설이 있었다. 정류장을 조금 작게 만든 것처럼 보였는데 위에 보행기보관대라는 명칭이 있었다. 이 마을에서 버스를 타고 중심가로 나갈 때 거동이 불편하신 어르신들이 집과 버스정류장을 오갈 때 사용하는 보행기를 보관하기 위해 이런 시설도 마련됐을 것이다. 마을 어르신들을 위한 작은 배려가 인상 깊었다. 마을길로 들어섰는데 길 왼쪽으로는 공장이 있고 오른쪽으로는 공장 사무실과 주차장이 있어서 마치 공장 가운데를 통과하는 느낌이 들었다. 이 길이 사유지인지 공용도로인지 조금 헷갈렸다. 공장을 통과한 후 코너를 도니 담벼락을 파란색으로 칠해놓고 그 위에 구례지역의 백의종군길 안내도, 이순신의 주요 어록, 전투 장면 등 이순신 백의종군과 관련된 다양한 벽화가 그려져 있었다.

벽화를 쭉 보는데 '구례, 명량대첩 승리의 초석이 되다.'라는 벽화 앞에서 한동안 머물렀다. 벽화에 쓰여진 설명문 중 한 대목이 눈에 들

구례 구만리 벽화마을, 이순신 관련 내용으로 가득하다.

어왔다. '1597년 8월 3일 삼도수군통제사로 재임명된 이순신 장군은 조선의 수군을 재건하기 위해 군관 9명과 병사 6명으로 구례에서 출정하였다.' 이건 어떤 사료에서 인용한 글일까? 이순신이 칠천량해전 패전 소식을 듣고 수군재건에 나선 후 회령에서 전선 12척을 인수할 때까지 난중일기에 이와 유사한 내용은 어디에 있을까? 바로 7월 18일 난중일기에 나온 내용이다. 초계에서 백의종군 중이던 이순신은 이날 칠천량 패전 소식을 듣는다. 얼마 후 도원수 권율이 이순신에게 달려왔을 때 바로 현장을 확인하고 대책을 세우겠다고 말한 후 군관들과 함께 떠난 내용이 가장 유사하다.

> 나는 "내가 해안 지방으로 가서 듣고 본 뒤에 방책을 정하겠다."라
> 고 말했더니, 원수는 매우 기뻐하였다.[107]

---

[107] 석오문화재단, 앞의 책, 2023, p.387 (1597. 7. 18)

위 내용 말고는 군관들과 함께 출발한 기록이 없다. 어떤 사료에 이런 내용이 나와 있을까? 좀 더 확인해 봐야겠다.

구례역이 아닌 구례구역으로

구만리사무소를 지나 서시천 제방길을 따라 광의면사무소 방향으로 계속 걸었다. 제방길 양 옆으로는 가로수들이 일정한 간격으로 심어져 있었는데 가지 끝이 서로 맞닿아있어서 이파리가 풍성한 여름에 이 길을 걷는다면 참 좋겠다는 생각이 들었다. 제방길을 한동안 갔는데 '광용도정공장' 인근 제방길이 지난번 수해에 쓸려나가 길이 없어졌다. 제방을 넘어 물이 넘치지는 않았는지 옆 논에 있는 벼들은 멀쩡했다. 그나마 다행이었다. 쓸려나간 제방을 흙을 채운 포대와 비닐로 응급조치를 해놓았다. 어디 둘러갈 길도 없었다. 자세히 살펴보니 응급조치한 길로 지나갈 수 있겠다는 판단이 서서 조심해서 제방길을 통과했다.

광의면사무소를 지나 오른쪽에 있는 광용교를 건너 좌회전해서 선월길을 따라 쭈욱 걸었다. 선월길은 서시천을 따라서 나있는 제방길인데 다른 제방길에 비해 주변 경관이 삭막하다는 느낌을 받았다. 그나마 목표지점에 거의 다왔다는 사실이 심적으로 위안이 되었다. 중간에 굴다리 아래 그늘이 있어서 길바닥에 철퍼덕 주저앉아 아침에 구입한 과자와 캔커피로 간식을 먹으며 잠시 쉬었다가 제방길을 걷고 또 걸은 끝에 손인필 비각에 도착했다.

구례 손인필 비각

> 일찍 식사하고 길을 떠나 구례현에 이르니 금부도사가 먼저 와 있
> 었다. 손인필의 집에 이르렀다. 이 고을 현감 이원춘이 급히 나와서
> 보고 대접이 극진하였다.[108]

이순신은 구례에 도착하여 손인필의 집에 머물기로 했다. 손인필
은 훗날 수군재건 할 때에도 많은 도움을 줘서 난중일기에 여러 번 언
급된 인물이다. 29번째 스탬프함은 공원 중앙 구국정이라는 정자 한
쪽에 있었다. 패스포트에 스탬프를 찍고 주변 이순신 관련 여러 조성
물도 천천히 둘러보았다. 오늘 밤재 구간 산행이 도로 통제로 걷지 못
하고 터널을 이용해서 예상보다 빨리 도착했다. 이곳에서 구례구역까

---

108 석오문화재단, 앞의 책, 2023, p.354 (1597. 4. 26)

지는 거리가 짧아서 오늘 구례구역까지 가는 것으로 목표를 수정했다.

손인필 비각을 출발해서 구례구역으로 향했다. 도중에 경로가 구
례읍사무소를 경유하는 것으로 되어있었다. 그곳은 옛 구례현청이
있던 자리로 복원된 명협정莫萊亭[109] 정자가 있었다. 명협정을 둘러본
뒤 119안전센터를 지나 (구)문척교로 섬진강을 건넌 후 우회전해서
섬진강 제방길로 들어섰다. 제방길은 보행자와 자전거가 다닐 수 있
도록 만들어 차들은 다니지 않는 길이라 편안하게 걸을 수 있었다. 섬
진강은 아름다운 풍광으로 유명한 곳인데 체력이 떨어지고 많이 피
곤한 상태여서 풍광이 눈에 제대로 들어오지 않았다. 2시간여를 걸어
서 구례구역[110]에 도착했다. 왜 역이름이 구례역이 아니라 구례구역
이라고 했을까? 역 대합실에 앉아 인터넷을 찾아보고 그동안 잘못 알
고 있었던 두 가지를 알게 되었다. 역 이름이 구례역이 아니라 구례구
역이라는 것과 역 위치가 구례가 아니라 순천이라는 것을 제대로 알
게 되었다. 이게 길을 나서서 뚜벅이로 걸으며 얻은 상식이다. 길을
나서니 또 다른 영역의 길을 얻은 것이다.

상식과는 별도로 스탬프함을 찾아 패스포트에 스탬프를 찍어야

---

109 명협정은 순천까지 내려갔다 구례로 돌아온 이순신이 체찰사 이원익과 나라의 앞날을
걱정하며 많은 이야기를 나눈 곳이다. 2014년 고증을 토대로 복원하였다. 명협은 중국
요임금 때 있었다는 상서로운 풀이름으로 초하루부터 보름까지 매일 한 잎씩 자랐다가
16일부터 말일까지 한 잎씩 진다고 전해진다.
110 1936년 전라선 개통과 함께 역사 개원. 현 역사는 1986년에 건축했다. 역사 이름이 구례
구역인 것은 역사가 섬진강 남쪽 순천에 있어서 구례역이라 이름을 붙이지 못하고 구례입
구에 있는 역이라는 뜻으로 구례구역이라 붙였다.

구례구역사 공중전화부스 옆에 있는 30번 스탬프함

목표를 달성하는 것이다. 구례구역 전면과 대합실 주변을 둘러보며 스탬프함을 찾는데 보이지 않았다. 이리저리 둘러보다 역사 옆 공중전화 부스가 눈에 띄었다. 혹시 지난번 익산보석박물관처럼 공중전화부스 안에 스탬프함이 있을까 기대감을 가지고 다가갔지만 공중전화 부스에는 실제로 공중전화가 있었다. 사용하는 사람들이 있으니 설치되어 있겠지라는 생각을 하면서도 공중전화기가 실물로 있다는 사실에 놀랐다. 주변을 한 바퀴 돌아보는데 공중전화 부스 옆에 30번째 스탬프함이 보였다. 한쪽 구석에 설치되어 광장에서는 보이지도 않는 곳에 있는 스탬프함을 어렵게 찾으니 반가움보다 안타까운 마음이 들었다. 지자체, 공공기관과 잘 협조가 되어 스탬프함이 눈에 잘 띄는 곳에 설치되었으면 좋겠다는 생각을 했다. 스탬프함에서 스탬프를 꺼내 패스포트에 찍고 길었던 오늘 여정을 마쳤다.

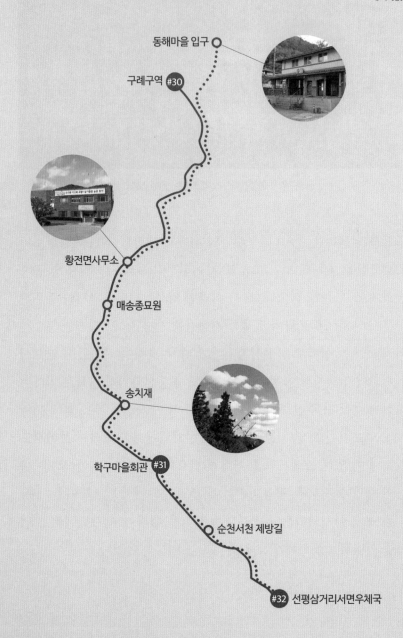

동해마을 입구

구례구역 #30

황전면사무소

매송종묘원

송치재

학구마을회관 #31

순천서천 제방길

#32 선평삼거리서면우체국

백의종군길 답사 14, 15일차,
도원수를 만나지도 못하고 돌아오는 마음

잡초와 전기펜스로 막힌 백의종군길

일찍 떠나 순천 송치 밑에 이르니 구례 현감이 점심을 지어 보냈다.[111]

난중일기에 나오는 송치는 순천시 서면 학구리 신촌에 위치해 있
는 고갯길이다. 나도 송치에서 점심을 먹을 수 있도록 서둘러 구례구
역을 출발했다. 구례역 오른편 길가에 백의종군길 이정표가 있고 그
옆에는 조선수군 재건로 안내판이 있었다. 전라남도 지역에서는 백
의종군길보다 수군재건로에 더 포커스를 맞춘다는 인상을 받았다.

용문교를 지나서 우회전하여 황전천 제방길로 들어섰다. 지도를
보니 금평길과 만나는 곳까지 제방길을 따라서 쭉 걸으면 되었다. 용

---

111 석오문화재단, 앞의 책, 2023, p.354 (1597. 4. 27)

서마을 입구 정자 앞에 백의종군길 이정표와 수군재건길 이정표가
나란하게 서있었다. 남도지역에는 이정표가 잘 되어있어 길을 찾는
게 어렵지 않았다. 하천변을 따라 쭈욱 늘어선 갈대가 바람에 이리저
리 흔들리는데 그 모습이 백의종군길을 걷는 나에게 환영하며 힘내
라고 격려해주는 듯했다. 김덕성 시인의 '갈대'라는 시가 떠올랐다.

햇빛이 고운 얼굴로 맑게 웃음 짓는 날엔
길에서 마주치는 사람마다 너무 좋아 미소로 인사를 나누고
카페서도 차를 마시면서 아무나 만나 즐겁게 이야기를 나눈다
이런 기분이 좋은 날엔 누구나 가리지 않고 사랑하고 싶어진다
날마다 이런 날 이런 마음이었으면

갈대가 쭈욱 늘어서서 바람 따라 이리저리 흔들리는 모습을 보고

시를 음미하면서 늦가을의 자연을 마음껏 느낄 수 있었다.

　황전면 행정복지센터까지는 제방길 중간 중간 길이 끊어진 곳이 많아서 황전천을 중심으로 몇 개의 다리를 건너 동쪽과 서쪽 제방길을 번갈아가면서 걸어야 했다. 제방길은 비포장과 포장도로가 혼재해있었다. 그 중에 흙을 밟고 걸을 수 있는 비포장도로가 발바닥 피로도를 경감해주어서 걷기에는 더 좋았다. 비포장도로 중 사람이 잘 다니지 않는 구간은 잡초가 무성하게 자라서 걷기가 힘든 곳도 있었다. 풀이 무성하게 자라 어디가 길인지 분간할 수 없는 구간도 있었다. 이런 곳을 만나면 등산스틱을 이용해서 이리저리 풀을 헤치면서 길을 걸었다. 풀숲을 다 지나고 나니 스틱과 바지에 도깨비풀 씨앗이 엄청 붙어있었다. 털어내도 잘 떨어지지 않아 하나씩 하나씩 손으로 떼어냈다. 길은 사람이 다닐 수 있도록 해주는 게 본연의 기능인데 이 기능을 유지할 수 있도록 해주는 건 사람의 역할이다. 사람이 다니지 않으니 풀이 무성해지면서 길이 본연의 기능을 잃어버리고 사람이 찾지 않게 되었다. 자신에게 주어진 역할을 할 수 있을 때 그 가치가 빛나는 것 이게 변하지 않는 평범한 진리다.

　한 시간 정도 제방길을 걷다 황학교를 건너 17번 국도로 들어섰다. 이 길도 사람이 걸을 수 있는 공간은 없었다. 걷는 사람이 주의해서 최대한 도로 바깥으로 걸어야했다. 다행스럽게 얼마 가지 않아서 국도 옆으로 이름도 없는 작은 길이 있어서 편안하게 걸을 수 있었다. 이 길이 옛길이었는지 아니면 동네와 동네를 왕래하거나 농사에 사용

황전면 행정복지센터 앞 장군 캐릭터 인형

하는 경운기와 각종 농기구를 이동시키기 위해 만들어진 길인지는 모르겠다. 황전면 마을에 들어섰다. 국밥집이 있어서 점심을 먹고 가기로 했다. 국밥집이 나란히 두 개가 있었는데 상호가 '전통 옛날 순대국밥'과 '원조 옛날 순대국밥'이었다. 어디로 들어가야 할지 잠시 고민하다 두 집이 맛이 다 거기서 거기 아닐까 생각하면서 한 곳으로 들어가 식사를 했다. 점심 피크타임이라 그런지 손님이 많았는데 맛도 좋았다. 식사를 마치고 인근에 있는 황전면 행정복지센터 정자를 찾아갔다. 행정복지센터 앞 둔치에 수군재건길 5구간 안내도와 아주 귀엽게 만든 장군 갑옷을 입은 캐릭터 인형이 있었다. 설마 저 귀여운 캐릭터가 이순신일까? 인근에 있는 학교 학생들에게 친근하게 접근한다는 측면으로 본다면 신선한 발상이기도 했다. 행정복지센터 한쪽에 있는 정자에서 30-1 스탬프함을 찾아 스탬프를 꺼내 패스포트에 찍었다. 지금까지 오면서 00-1번 스탬프함이 몇 개 있었는데 이 번호는 왜 부여했을까 하는 의구심이 생겼다.

월전중학교 옆 샛길인 백야중길을 따라 걷는데 이 골목길로 가면 큰 길로 연결될까 하는 생각이 들 정도로 좁은 길이었다. 나중에 17번 도로로 나가긴 하는데 이 길로 안내해야만 하는 이유가 있을까 하는 의문이 생겼다. 잠시 후 지도 안내에 따라 백야길로 들어섰다. 백야길은 좁은 골목길이고 갈림길이 여러 군데 있었지만 리본, 지도, 이정표가 잘 되어있어서 찾아가는 것은 어렵지 않았다. 백야길 골목길에서다시 17번 국도로 나왔다. 백야교를 건너 조금 나아가니 오른쪽 좁은길로 가라고 안내가 되어 있었다. 안내에 따라 들어섰는데 초입에 쇠사슬로 된 차단 시설이 있었지만 쇠사슬이 바닥에 내려져 개방되어있어서 통행할 수는 있었다. 차단 시설을 지나 조금 더 들어가니 길에가시나무덩굴이 우거져 길을 막고 있었다. 덩굴에 붙어있는 가시들이 옷 여기저기 걸려서 팔다리를 움직일 수 없었다. 정글에서 사용하는 칼이 있으면 모를까 등산스틱으론 도저히 해결할 방법이 없었다. 할 수 없이 뒤돌아서 17번 도로로 다시 나가 큰 길을 따라 걸었다.

조금 지나 종묘원 간판이 나왔다. 여기서 17번 도로 반대편으로 건너가야 하는데 이곳은 횡단보도도 없고 도로는 중앙분리대로 분리되어 있어 건너갈 수 없었다. 안내에는 종묘원을 가로질러 끝자락에서굴다리를 이용하면 반대편으로 건너갈 수 있다고 안내하고 있었다. 종묘원으로 들어서 잘 조성된 길을 가는데 길이 펜스로 막혀있었다. 그것도 일반 펜스가 아니라 전기펜스였다. 전기펜스는 굴다리 앞쪽에서 오른쪽으로 쭈욱 설치되어 있었다. 낮에도 전기가 흐르고 있는지 야간에만 전기를 흘리는지 알 방법이 없는데 내 목숨 걸고 직접 확인하고 싶지는 않았다. 주변을 살피니 굴다리 위쪽 17번 도로 가까이는 전기펜스가 없었다. 경사면을 조심 조심 올라가 철망을 넘어서 굴다리를 이용해 반대편 길로 건너갔다. 주간이었으니 다행이지 야간

송치재 옛길에서 바라본 송치터널

이었다면 큰 일이 날 수 있었겠다는 생각에 등골이 서늘해졌었다.

사유지에 가로막힌 백의종군길

굴다리를 건넌 후 계월상동길을 따라 걸어 내려갔다. 17번 국도와 합류하는 길까지 와서 17번 도로로 진입했는데 역방향으로 걸어야 했다. 인도도 없어서 당황했는데 1~200m 앞쪽에 다시 좁은 도로로 들어가는 길이 보였다. 마주 오는 차가 없을 때 서둘러서 역주행을 했다. 지도를 살펴보니 여기서부터 송치길이었다. 이 길이 송치재로 올라가는 길인 듯했다. 조금씩 오르막 경사가 있는 길을 걸어 올라가는데 저 멀리 송치터널 입구가 보였다. 이곳도 저 터널이 개통되기 전에

송치재로 올라가는 옛길

는 주요도로로 많은 사람과 차들이 오갔을 것이다.

옛길이 오가는 차량이 없으니 길 위에 떨어진 낙엽을 하나씩 밟으며 천천히 걸어갔다. 바쁠 것도 없었다. 한걸음 한걸음 낙엽을 밟으며 바스락 바스락하는 소리를 들으니 프랑스 시인 구르몽의 시가 떠올랐다.

시몬, 나무 잎새 져버린 숲으로 가자.
낙엽은 이끼와 돌과 오솔길을 덮고 있다.
시몬, 너는 좋으냐? 낙엽 밟는 소리가.

송치재 정상 부근에 풍력발전기 한 대가 유유자적 날개를 돌리며 발전을 하고 있었다. 그 옆에는 숙소 같은 건물이 있는데 폐업을 했는지 인기척이 하나도 없었다. 검색해보니 연수원이라고 나와 있다. 사람들이 접근성이 좋고 더 최신 시설의 연수원을 찾다보니 이곳도 문을 닫은 듯했다. 송치재에서 바라본 하늘은 전형적인 가을 하늘이었고 구름의 모양이 솜사탕을 연상하게 했다. 하늘이 이렇게 예쁠 수 있구나 감탄하면서 한동안 하늘멍을 했다.

송치재를 넘어서 다시 17번 국도와 만났다. 굴다리를 이용해서 반대편으로 건너 송치1교까지 국도 옆길을 이용해서 이동했다. 이정표에 학구마을로 가기 위해서는 왼쪽으로 가라고 알려줬다. 그런데 그 길에 철제문이 설치되어 사람이 다닐 수 없도록 폐쇄되어 있었다. 사유지를 통과하는 길이라 땅주인이 폐쇄한 듯했다. 문제는 멀리 보이는 철길을 건너 반대편으로 가려면 이곳을 통과해서 가는 게 유일한 길이라는 것이다. 지도와 지형을 살폈더니 멀리 변전소 같은 건물 앞으로 이동해서 밭두렁 사이로 걸어간다면 터널 위로 나있는 길로 철길을 건너갈 수 있을 것 같았다. 검토가 끝났으면 신속하게 실행하는 것이 시간을 최대한 줄일 수 있는 방법이다. 변전소? 가까이 갔더니 다행스럽게 담벼락 옆으로 사람이 지나다닐 수 있는 좁은 길이 있었다. 그 길을 이용해서 터널 위로 나있는 길로 갔다. 안전하게 철길을 건너 학구마을을 향해 걷기를 계속할 수 있었다. 터널을 넘어 학구마을회관에 도착했다. 학구마을회관 남도 수군재건길 안내판 옆에 31번 스탬프함이 있었다. 여기까지 오는데 잡초와 가시덤불로 길이 막힌 곳, 전기펜스와 철문으로 길이 차단된 곳 등 우여곡절을 겪었다. 이런 경로상 장애들은 지자체와 토지주인이 잘 협의를 해서 백의종군길 답사자들을 위해 안전한 길이 조성되면 좋겠다.

순천 서면우체국 앞 32번 스탬프함

이제 약 8㎞만 더 가면 오늘의 목적지인 선평삼거리 서면 우체국에 도착한다. 신촌교를 건너 오른편 신촌길을 따라 갔다. 신촌교 끝에서 순천서천을 건너는데 다리가 없어서 물이 적은 건기에는 건너갈 수 있지만 장마기 등 하천 물이 많을 때는 건너기 어려워 보였다. 다행히 순천시에서 백의종군길 연결 사업을 한다는 플래카드가 걸려 있고 공사를 하니 곧 걷기 편한 다리가 생길 듯했다. 개천을 건너 구만장선길을 따라 걷는데 백의종군길 이정표가 나왔다. 이정표에는 선평삼거리가 아니라 순천팔마비[112] 13.1㎞라고 표기되어 있었다. 이

---

112 고려 충렬왕 때 '승평부사 최석이 비서랑으로 전직하자 마을 사람들이 관례에 따라 말 8필을 기증하였는데, 최부사가 상경 후 기증받은 말 8필과 그 사이에서 낳은 망아지 1마리 등 총 9필을 다시 돌려보냈다라는 「고려사」와 「신증동국여지승람」 기록을 근거로 그의 청렴함을 기리기 위해 건립한 기념비이다.

건 무슨 천청벽력같은 소리인가? 왜 백의종군길 목적지가 갑자기 순천팔마비로 바뀌었을까? 목적지가 더 멀어진 이정표를 보고 그나마 남아있던 힘도 스르륵 빠졌다. 이정표 하나에 일희일비하지 말자고 스스로 격려하면서 순천서천을 걸었다. 길이 이어져있지 않아서 다리를 이리 건너고 저리 건너면서 서천을 중심으로 왼쪽 오른쪽으로 왔다 갔다가를 반복했다. 동산초등학교 건물을 끼고 우회전하니 바로 서면우체국 건물이 보였다. 건물 옆 자전거도로에 백의종군길 32번 스탬프함이 걸려있었다. 오늘의 목표를 달성했다.

이제 남은 건 숙식을 해결할 곳을 찾는 것이었다. 주변에는 마땅한 숙소가 없어서 지도에서 검색하고 예약을 한 후 그곳까지 버스로 이동해서 주변에서 식당을 찾기로 했다.

> 저녁에 정원명의 집에 이르니 원수가 내가 온 것을 알고 군관 권승경을 보내서 조상하고 또 안부도 묻는데 위로하는 말이 매우 간곡했다. 저녁에 이 고을 원이 보러 왔다.[113]

4월 27일 이순신장군이 순천에 도착한 것을 안 권율은 군관을 보내 조문했고 그 외 여러 사람들도 이순신을 찾아왔다. 이후 이순신은 5월 14일 순천을 출발해서 구례로 갈 때까지 18일간 순천 정원명의 집에 머물면서 많은 사람들과 만나며 나랏일을 걱정했다. 정원명의

---

113 석오문화재단, 앞의 책, 2023, p.354 (1597. 4. 27)

집이 어딘지 명확하지는 않은 듯했다. 한국걷기연맹은 서면우체국, 지자체는 순천팔마비 부근으로 추정하고 있는 듯했다. 공공 관청 위치도 정확하지 않은 곳이 많은데 개인 집 위치를 정확하게 안다는 것은 어려운 일이다. 자료가 한정된 가운데 고증을 통해 옛 건물의 위치를 찾는 게 어려운 일이지만 각각의 소리를 내기보단 함께 머리를 맞대고 연구해서 하나로 정리되었으면 좋겠다.

> 일찍 아침을 먹고 길을 떠나 송치 밑에 이르러 말을 쉬었다. 혼자 바위 위에 앉아 한 시간이 넘도록 곤하게 잤다. 운봉의 박롱이 왔다. 저물어 찬수강에 닿아 말에서 내려 걸어서 건너가 구례에 도착했다. 현감이 곧 보러 왔다.[114]

순천의료원 인근 숙소에서 하룻밤을 보낸 나는 다음날 일찍 편의점에서 컵라면으로 간단하게 아침을 해결하고 순천서면우체국으로 이동했다. 아직 어둠이 가시지 않았지만 어제 왔던 길을 거슬러 올라갔다. 하루 전에 걸었던 길이라 좀 심심한 것이 단점이지만 조금 익숙해져서 어제의 실수를 반복하지 않고 잘 갈 수 있다는 장점도 있었다. 점심은 어제 들렀던 국밥집 옆 다른 국밥집으로 가서 식사를 했다. 점심 식사 후 구례군 동해마을회관까지 걸은 후 버스를 타고 시내로 들어가 하루를 머물렀다.

---

114 석오문화재단, 앞의 책, 2023, p.361 (1597. 5. 14)

구례종합운동장 앞
지리산둘레길 안내소

#34

운조루 앞
오미정 정자

서시천
제방길

용호정

지리산
둘레길

#35

석주관

섬진강 자전거길

#33 동해마을 입구 주막집

백의종군길 답사 16일차,
백의종군길인가 둘레길인가?

스탬프함 찾아 공설운동장 한 바퀴

아침에 일어나 동해길주막집으로 이동했다. 주막집은 섬진강 바로 옆 도로변에 있었는데 섬진강 바닥에서 제방 위 도로까지 높이는 꽤 높았다. 지난번 장마 때 비가 얼마나 많이 왔는지 주막집 1층 내부는 수해로 그릇 몇 개를 제외하고 흔적도 없이 사라져버렸다. 길 옆 가로수에는 사람 키보다 높은 곳까지 비닐 등이 걸려있는 등 물이 찼던 흔적이 남아있었다. 당시 이곳에 계시던 분들은 얼마나 무서웠을까? 상상하기 어렵지 않았다. 피해를 본 곳에 오래 있으면 민폐가 될까봐 서둘러 백의종군길 답사를 시작했다.

오늘은 남도 백의종군길을 걷는 마지막 날이라 석주관까지를 목표로 정하고 구례공설운동장으로 향했다. 두꺼비다리를 지나면서 입구에 세워져있는 섬진강과 두꺼비다리[115] 유래를 찬찬히 읽어봤다.

지난번엔 저녁 때 이곳을 지나가느라 피곤하고 마음에 여유가 없어 그냥 지나갔었다. 공설운동장으로 가는 도중에 편의점이 있어 삼각 김밥과 컵라면으로 아침을 먹었다. 오늘 오후 일정은 산길로 가야해서 점심 때 먹을 빵과 음료도 미리 구매해서 배낭에 넣었다.

> 남원 탐후인이 돌아와서 고하기를 "원수가 운봉길로 가지 않고 양
> 총병 영접하는 일로 완산으로 달려갔다."라고 한다. 내 걸음이 낭패
> 라 참으로 민망하다.[116]

이순신은 선조로부터 권율 밑에서 백의종군하라는 명령을 받았다. 그래서 순천까지 갔던 것이고 도원수 권율이 순천을 떠났을 때 곧 돌아올 걸로 생각하고 있었을 것이다. 그러다 돌아오지 않는다는 소식을 듣고 다시 구례로 올라와 원수의 행처를 기다렸는데 운봉 쪽으로 오지 않고 완산(전주)로 갔다는 소식을 듣고 자신의 걸음이 헛걸음이 되었다고 이야기한 것이다.

> 체찰사가 고을로 들어온다고 하므로 성안에 머무르고 있기가 미안
> 하여 동문 밖 장세호의 집으로 나갔다.[117]

---

115 1385년(고려 우왕 11년) 왜구가 섬진강 하구를 침입했을 때 수십만 마리의 두꺼비 떼가 울부짖어 왜구가 광양쪽으로 피해 갔다고 전해지고 있어 이때부터 '두꺼비 섬蟾' 자를 붙여 섬진강이라 불렀다고 전한다. 조선시대에는 지역에 따라 적성강, 순자강, 섬강, 두치강 등으로 불렀다. 구례읍 신월리와 문척면 죽마리를 잇는 보도교인 이 다리는 2017년 7월 31일 준공되었는데 섬강을 기억하고 예부터 재복을 상징하거나 신비한 능력을 갖춘 동물로 나타나는 두꺼비의 기운이 전해지기를 바라며 두꺼비다리로 이름을 지었다.

116 석오문화재단, 앞의 책, 2023, p.362 (1597. 5. 17)

구례 서시천이 섬진강과 합류하는 지점의 풍광

5월 19일 장세호의 집으로 거처를 옮긴 이순신은 8일간 머물다 26일 석주관으로 길을 나섰다. 당시 동문 밖 장세호의 집이 현 구례 공설운동장 인근일 것으로 추정하였다. 패스포트에는 스탬프함 위치가 '구례종합운동장 건너편 정자'로 표기되어 있다. 공설운동장에 도착했는데 구역이 너무 넓었고 운동장 둘레에 정자가 여러 군데 있었다. 여기도 아니고 저기도 아니고 가는 정자마다 스탬프함이 없으니 짜증이 나기 시작했다. 결국엔 운동장 한 바퀴를 다 돌고나서 찾을 수 있었다. 34번 스탬프함은 운동장 건물이 아니라 지리산둘레길 구례 센터 건너편에 있는 정자에 있었다. 어렵게 찾으니 기쁨은 두 배로 컸다. 인증샷 한 장 찍고 서시천으로 가다가 서시교를 건너 오른쪽 제방

---

117 석오문화재단, 앞의 책, 2023, p.362 (1597. 5. 19)

길로 접어들었다. 구례 주변의 백의종군길은 이정표와 길이 비교적 잘 정비되어 있었다. 서시천 제방길로 들어서는 구간도 백의종군길과 둘레길을 알리는 이정표가 탐방객에게 헷갈리지 않도록 잘 정비되어 있었다. 얼마 가지 않아서 서시천은 섬진강에 합류하는데 두 물이 하나로 합쳐지니 강폭도 넓어지고 수량도 풍부해졌다. 합류 부분을 보니 한강의 두물머리가 떠올랐다.

지금까지 걸어온 길을 살펴보면 고개를 넘거나 하천을 따라 걸었던 비중이 높았다. 오늘도 중간 목적지인 용호정을 향해 섬진강 제방길을 따라 쭉 걸었다. 당시 산길과 하천길이 많은 것은 장애물을 뚫고 길을 낼 수 있는 기술과 장비가 빈약했던 시기에 가장 효율적으로 길을 만드는 방법이었을 것이다. 오늘 날씨는 햇볕이 쨍쨍하게 내리쬐었지만 바람이 엄청 강하게 불었다. 제방길에는 바람을 막아주거나 감소시켜줄 구조물이 하나도 없으니 불어오는 칼바람을 온몸으로 맞아야만 한다. 시기상으로 본격적인 겨울이 오기 전이라고는 하지만 강풍을 온몸으로 맞으니 체감온도가 급격하게 떨어져 몸이 사시나무 떨듯 떨렸다. 운조루부터 석주관 사이는 산길로 가야하는데 바람이 이렇게 계속 불면 어떻게 하나 걱정도 들었다. 경상도쪽 백의종군길은 산길이 많아 도심보다 체감온도가 더 떨어지고 바람도 심해 겨울에는 백의종군길 걷기를 잠시 보류해야겠다는 생각을 하게 되었다.

용호정[118]쪽으로 가기 위해 제방길에서 내려와 예촌길로 들어섰다. 예촌길은 집과 집 사이에 난 작은 길이었다. 삼거리에서 왼쪽 조

구례 토지면 용호정

금 더 큰 길로 가는데 용호정에서 멀어지는 것으로 신호가 왔다. 다시
삼거리로 돌아와 직진 방향으로 걸었다는 이 길도 용호정으로 갈 수
있는 길이 아니었다. 다시 삼거리로 돌아와 어떻게 하면 갈 수 있는지
지도를 보며 길을 찾아보았다. 그런데 삼거리라고 생각한 바로 옆에
집 담장을 끼고 아주 좁은 길이 있었다. 삼거리 같은 사거리였다. 남
은 길이 여기밖에 없어서 일단 가보자고 들어섰다. 가면서도 '이 길 맞
나?' 하는 의구심을 가졌는데 다행히 용호정에 도착할 수 있었다. 안
내문을 읽어보니 임진왜란 당시 용호정은 없었지만 그 내면에는 이
순신이 그랬던 것처럼 나라를 걱정하는 마음이 가득 담겨있음을 느
낄 수 있었다. 평소 같았으면 강바람을 맞으며 정자에 앉아서 휴식을

---

118 이 정각은 1910년 경술국치 후 군내 뜻 있는 유림들이 수차 모임을 갖고 항일 울분을 달
래기 위해 일제의 탄압과 감시를 피하여 시계를 조직하고 1917년 오두선 외 73인이 당시
1,350원을 거출하여 건립하였다.

용호정 앞 섬진강 데크길

취하겠지만 바람이 너무 심하게 불어서 가만히 앉아있을 수 없었다. 몸을 움직이는 게 추위를 덜 타는 방법이라 바로 길을 나섰다.

　섬진강 제방길로 들어서기 전에는 길이 매우 좁은 반면에 보행자들이 편안하게 걸을 수 있도록 데크 길이 잘 조성되어 있었다. 포장도로를 걸을 때보다 발이 더 편했고 데크 좌우로 쭉쭉 뻗은 대나무숲이 인상적이었다. 이어진 섬진강 제방길은 폭도 넓고 비포장 도로라 걷기에는 안성맞춤이었다. 중간에 사람들이 강을 바라보며 쉴 수 있도록 벤치도 설치되어있었다. 다만 그늘이 없어서 여름철 같은 기간 이 길을 걷는 사람들에겐 힘들겠다는 생각이 들었다. 가는 도중에 만난 백의종군길과 지리산둘레길 이정표 모두 제방길 아래 펼쳐진 논 한 가운데로 가라고 알려준다. 논 사이에 길이지만 도로 폭이 넓어서 소형 트럭들이 마주쳐 지나갈 정도였고 제방길에서 내려갈 수 있도록 계단까지 만들어놓았다. 제방에서 내려가 원내마을회관을 지나 섬진강대로와 만나는 지점까지 길 따라 갔다. 섬진강대로와 만나는 곳에 '곡전재'[119]와 '행복마을 오리마을' 입간판이 서있었다. 그 입간판을 따라 올라가니 운조루 앞 오미정 정자에 34-1번 스탬프함이 있었다. 오미정 정자 건너 버스정류장에서 바람을 피해 햇볕을 쬐니 몸이 노곤노곤해지는 게 딱 10분만 잤으면 좋겠다는 생각이 나를 유혹했다. 몸이 노곤할 때 한 번 잠들면 오래 잘 것 같아서 아침에 준비한 과자 한 봉지를 먹으며 에너지 충전하고 바로 출발했다. 이럴 때 인근에 카페가 있었다면 따듯한 커피 한 잔 쭈욱 마셔서 원기를 회복할 수 있을 텐데 주변을 둘러봐도 카페는 고사하고 이것 저것 파는 가게도 보이지 않았다.

지리산 둘레길 따라 석주관까지

버스정류장을 출발해서 길을 나서기 전에 운조루에 잠시 들렀다. 운조루는 1776년(영조 52)에 삼수부사를 지낸 유이주가 지었다고 한다. 물론 이순신장군이 백의종군할 때 이 가옥은 없었다. 예전 한 방송에서 운조루에 대한 이야기가 나왔던 기억이 떠올라서 다시 한 번 찾아봤다. 당시 방송에 나왔던 키워드는 아무나 열 수 있다는 '타인능해他人能解'였다. 이 글귀는 운조루에 있었던 쌀 두 가마니 반이 들어가는

---

[119] 1930년대 지어진 조선후기의 전통 가옥, 한옥민박으로 사용중이다.

크기의 쌀뒤주에 새겨진 글자다. 주인은 사랑채 옆 부엌에 이 뒤주를 놓아두고 끼니가 없는 마을 사람들이 쌀을 가져가 굶주림을 면할 수 있게 했다는 이야기였다. 이 이야기를 찾아보면서 가난한 사람들에게 직접 쌀을 퍼줄 수도 있었겠지만 상대의 자존심을 생각하는 조상의 지혜에 감탄했다.

운조루를 출발해서 토지천을 따라 내려오다 조선수군재건로 표지판이 서있는 구만교를 건넜다. 지도에는 구만교를 건너 직진하는 것이 아니라 약간 오른쪽으로 난 길로 가라고 되어 있었다. 직진 길은 평탄한 길인데 오른편 길은 시작부터 경사가 심했다. 이제부터 산길을 가야하는구나 하는 생각이 들었다. 나는 여기서 '조선시대에 석주관을 거쳐 화개장터까지 가는 길이 이 길일까?' 하는 의구심이 또 생겼다. 지금까지 걸어온 길을 보면 강이나 하천이 있는 곳에서는 언제나 제방길을 따라 왔었다. 화개장터까지 섬진강을 따라 가면 편안하게 갈 수 있을 것 같은데 왜 산길로 들어선 것일까? 아마도 지리산 둘레길을 좀 더 홍보하기 위해 좀 무리를 해서 이 길을 선정하지 않았을까라는 생각이 들었다. 백의종군길을 걷는 사람과 지리산 둘레길을 걷는 사람은 걷는 목적이 완전히 다르다. 백의종군길은 과거의 시각으로 봐줘야 하기에 신뢰할 수 있는 기관에서 정확한 고증을 통해 제대로 된 백의종군길(수군재건길)을 다시 설정해주었으면 좋겠다. 그래도 길을 걸으면서 바라보는 지리산자락은 웅장하고 아름다운 자태를 뽐내고 있어서 보는 것만으로도 좋았다.

지리산둘레를 따라 오르락내리락 가는 중간에 조선수군재건로 표지판이 있었는데 자세히 보니 방향이 거꾸로 되어 있었다. 나는 손인

구례 토지면 인근에서 바라본 지리산 풍광

필 비각이 있는 구례에서 석주관을 향해 가고 있는데 이정표대로 한다면 현재 내 위치는 석주관을 출발해서 4.9㎞를 걸었고 다음 목표인 손인필 비각까지 10.4㎞ 남은 꼴이었다. 아마 공사를 할 당시에 도로 왼편에 세워야할 것을 오른편에 잘못 세운 것 같았다. 이왕 설치할 거 좀 더 세밀하게 신경을 썼다면 하는 마음이다. 이순신이 곡식 한 톨까지 헤아렸던 모습이 오버랩되면서 디테일이란 단어가 떠올랐다.

　노인전문요양원을 지나 반곡길을 따라 둘레길을 걸었다. 한참을 가서 좌우에 단감나무가 즐비한 곳에 도착했다. 감나무가 일정한 간격으로 있었고 높이도 사람이 열매를 수확하기 좋은 정도로 관리되어 있는 것을 보니 개인 농장인 듯하였다. 개인농장 한가운데로 둘레길이 조성되어 있는 것에 놀랐다. 백의종군길을 걸을 때는 사유지마다 철문, 전기펜스, 가시덤불 등으로 통행을 하지 못하는 곳이 많았는데 이곳은 이렇게 길이 열려있다는 게 지자체와 토지주 사이에 협의가 잘

감나무 밭 사유지 사이로 개설된 도보길

되어있는 것 같았다. 길 좌우로 심어진 감나무는 손만 뻗으면 닿을 수 있었다. 탐스럽게 달린 단감을 보니 따먹고 싶은 충동도 일었지만 입구에 쓰여진 '토지주의 배려로 길이 열렸으니 개인재산에 손상이 가지 않도록 해달라'는 당부의 글이 내 속에서 일어난 흑심을 자제시켰다.

단감농장을 지나서 본격적으로 산길로 접어들었다. 산길이지만 이정표도 잘 정비되어 있었고 내리막길에는 잡을 수 있는 로프도 만들어져 있어서 신경을 많이 쓴 노력을 느낄 수 있었다. 또한 사람들의 왕래가 많아서인지 길의 형태가 고스란히 남아 있어서 길을 헤맬 염려 없이 편안하게 걸을 수 있었다.

블로그 후기 등을 살펴보면 이 구간을 걷는 사람들이 많아 오며 가며 인사도 나누고 이런저런 사연도 올리고 한 것을 봤는데 내가 갔을 때는 날이 추워서 그랬는지 한 사람도 못 만났다. 늘 사람과 일에 치여 사는 우리 일상에서 가끔은 혼자 걷는 것도 나쁘지 않다는 생각이 들었다.

걷는 중간에 그물이 처진 틀을 발견했다. 혹시 밀렵꾼들의 불법 포획틀인가 유심히 봤더니 틀 옆에 '공무수행'이라는 빨간색 글씨와 함께 야생동물 연구용으로 설치된 틀이니 훼손하지 말라는 경고문과 책임연구원 전화번호까지 적혀있었다. 나는 공무수행이라는 문구에 빵터졌다. 전화번호는 혹시 동물이 포획된 것을 보면 알려달라고 적어놓은 것 같았다. 지리산에 곰 복원사업을 위해 몇 마리 풀어놓았다는데 곰이나 다른 야생동물 만나기 전에 서둘러 길을 가야겠다. 지리산둘레길을 벗어나 석주관성으로 내려가야 하는데 길을 찾을 수 없었다. 혹시 지나치거나 덜 간 것은 아닐까 하는 생각에 왔던 길을 되돌아 가보고 좀 더 가보기도 했지만 길을 찾을 수 없었다. 그래서 지도를 보고 사람이 갈 수 있는 경사로로 천천히 내려갔다. 한참을 내려가 지도를 보니 석주관으로 가려면 계곡을 건너야 갈 수 있었다. 멀리 다리가 보여 갔더니 공사장 파이프로 설치해놓은 임시 다리였다. 설상가상으로 중간 이후부터는 난간도 없어서 군 시절 유격훈련장을 연상케했다. 튼튼할까? 의구심도 생겼지만 다른 방법이 없어서 조심조심 안전에 유의하면서 천천히 건넜다.

다리를 건너 오솔길처럼 나있는 길을 따라 내려가니 아래쪽 멀리 검은 기와지붕이 보였다. 바로 오늘의 종착지인 석주관[120]이었다. 석주관 옆 화장실에 35번 스탬프함이 나를 반겨줬다. 스탬프를 꺼내 패스포트에 스탬프를 찍고 답사 여정을 마무리했다.

---

120 고려말 섬진강을 통해 전라도 내륙까지 왜구가 침입하자 이를 막기 위해 석주관성을 쌓다. 임진왜란 때 전라 방어사 곽영이 호남 지역의 왜적을 막기 위해 옛 진 위에 성을 쌓았다.

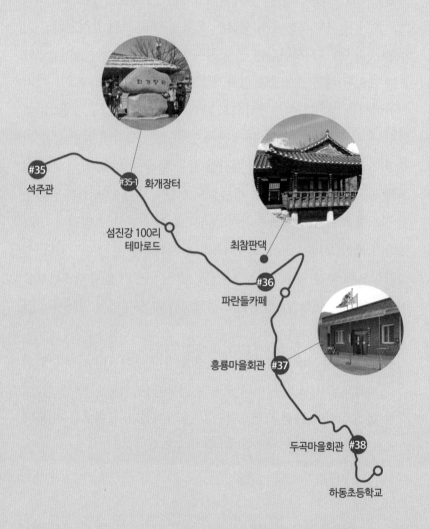

#35 석주관

#35-1 화개장터

섬진강 100리 테마로드

최참판댁

#36 파란들카페

흥룡마을회관 #37

두곡마을회관 #38

하동초등학교

백의종군길 답사 17일차, 가장 아름다운 길을 걸었다

영호남을 아우르는 화개장터

겨울이 지나고 봄기운이 완연한 3월 초에 석주관에서부터 다시 백의
종군길 걷기를 시작했다. 이날 코스에는 나의 답사 재개를 응원해주
기 위해 정영교, 박기현, 전승훈 세 분이 함께 해주었다. 먼저 석주관
에 도착하여 석주관칠의사묘[121]를 답사하고 묵념을 하는 것으로 시작
했다. 화개장터까지를 1차 목표로 섬진강대로를 따라 걸었다. 벚꽃이
필 때면 이곳부터 화개장터까지 가는 도로는 전국에서 꽃구경 오는
차들로 가득 차서 정체가 엄청난 곳이다. 섬진강대로 변에는 아직 개
화하지 않고 나뭇가지 끝에 꽃망울만 수줍게 드러낸 나무들이 일정

---

[121] 정유재란 때 왜군이 구례에서 방화와 약탈을 자행하자 구례현의 선비 7명이 의병을 일
　　으켜 왜군과 싸우다 전사하였다. 1804년(순조 5) 칠의사의 충절을 기려 관직을 내렸다.
　　1868년 서원 철폐령이 내려지자 충효사에 모셨던 위패를 이곳에 매장하고 칠의사 단이라
　　고 불렀다.

화개장터로 가는 도중에 섬진강대로에서 본 풍광

한 간격으로 심어져있었다. 꽃이 피지 않았음에도 길을 걸으며 바라
보는 섬진강의 풍광은 멋있다는 말만으로는 표현이 되지 않는 너무
멋진 경관이 펼쳐졌다.

반면에 정신줄 놓고 경치만 구경하다간 큰 일이 벌어질 수 있는 곳
이 섬진강대로다. 도로 옆으로 보행자가 걸어갈 수 있는 여유 공간이
없었다. 강쪽보다 산쪽이 조금 더 여유가 있었지만 거의 비슷했다. 또
꽃이 만개한 시가가 아니라 도로는 한가했지만 차들이 속력을 내면
서 마음껏 달려 각별히 신경을 쓰면서 걸어야 했다. 제한속도가 60㎞
였는데 100㎞는 족히 될 듯한 속도로 달리는 차도 종종 있었다. 차폭
이 넓은 버스나 트럭이 지나갈 때는 내 몸이 휘청할 정도였다. 4명이
함께 가지만 도로 사정으로 일렬로 서서 행군하듯이 갔다. 그래도 앞
뒤 사람과 이런 저런 이야기를 나누며 걸으니 느낌적으로 시간이 훨
씬 빨리 갔다. 벚꽃은 피지 않았지만 반대편 산등성이에는 하얀색 꽃

과 노란색 꽃이 피어있었다. 하얀색 꽃은 매화꽃 같았는데 노란색 꽃은 산수유 꽃인지 생강나무 꽃인지 나무에 문외한인 나는 구분할 수 없었다. 자꾸 뭐지 뭐지를 연발하는 나에게 함께 걷는 일행 중 한 분이 "길을 걸을 때 보고 좋으면 되었지 꽃 이름이 뭐 중요한가."라며 풍광을 즐기라고 이야기했다. 맞는 말이다, 길을 떠났으면 그 길에서 좋은 것을 보고 즐기면 되는 것이다.

도로 이정표에 왼쪽으로 피아골, 연곡사 표시가 있었다. 지나가면서 보니 내서천 계곡을 따라서 펜션이 많이 있었고 청소년수련장도 있었다. 꽃피는 계절이 왔을 때 이곳에 숙소를 잡고 편안하게 강가를 거닐면서 힐링하는 시간을 가져도 좋겠다. 피아골을 지나니 길옆에 칡즙 등을 파는 포장마차가 있었다. 함께 길을 걷던 전대표가 백의종군길 걷는데 힘내려면 한 잔씩 마시고 가야한다고 따듯한 칡차를 사줬다. 집에서는 이런 차는 잘 마시지 않는데 야외에서 마시니 느낌이 또 달랐다. 기분 탓인지 모르겠지만 몸이 따듯해지고 힘이 솟아나는 느낌이었다. 차를 마시고 힘을 내 길을 나서고 얼마 후 '하동포구팔십리 화개장터' 비석이 하동 경계에 진입했음을 알려줬다. 드디어 백의종군길 경상도 영역에 들어선 것이다.

화개장터[122]에 도착했다. 이런 장터에 오면 여기저기 상점을 돌아다니며 각종 버섯, 산나물, 옛날 과자 등 재래시장에서 파는 물건들을

---

[122] 김동리의 소설 〈역마〉의 배경이 된 곳으로도 유명한 화개장터는 지리산에서 시작한 화개천과 섬진강이 합류하는 지점에서 열리던 전통적인 재래식시장이며 5일장(지금은 상설)이 활발하게 이루어졌던 곳이다. 영호남의 접경에 위치하여 남해안의 수산물과 소금, 비옥한 호남평야의 곡물, 지리산록의 산채와 목기류들의 집산지로서, 하동포구의 발달된 수로를 통해 전국으로 유통되던 전국적으로 손꼽는 시장이었다.

화개장터 표지석 앞에서 단체로 기념사진 한 컷

구경하는 재미가 쏠쏠하지만 다음 여정을 위해 이른 점심을 먹고 후
다닥 길을 나서는 게 더 중요한 일이다. 가장 가까운 식당에 들어가
재첩국 정식을 시켰다. 다양한 나물과 도토리묵 등으로 구성된 밑반
찬도 깔끔했지만 정식의 백미는 시원한 재첩국을 한 모금 마시면서
바로 이 맛이야를 외치는 순간이었다. 담백한 재첩국으로 식사를 마
친 후 광장으로 나오니 보부상 석상도 있었고 화개장터를 불렀던 가
수 조영남이 기타를 들고 앉아있는 황금색 동상도 있었다. 화개장터
비석 앞에서 4명이 인증샷을 찍은 후 관광안내소로 가서 35-1 스탬프
함에서 스탬프를 꺼내 패스포트에 도장을 찍고 다음 행선지를 향해
출발했다. 패스포트에는 다음 경로 안내를 '화개장터에서부터 도로
옆 섬진강 따라 데크길 약 8㎞'라고 되어 있었다. 화개장터 앞 남도사
거리에서부터 섬진강 100리 테마로드가 조성되어 있었다.[123]

테마로드를 걸으니 좀 전에 봤던 '당신은 지금 세상에서 가장 아름다운 길을 가고 있습니다.' 라는 문구가 맞다는 생각에 머리가 저절로 끄덕여졌다. 석주관에서 화개장터까지도 보행자들이 자연을 만끽하면서 마음 편하게 걸을 수 있도록 이런 길을 만들어줬으면 좋겠다. 자연의 아름다움을 눈에 가득 담으며 길을 걷다보니 순식간에 최참판댁에 도달해서 테마로드를 빠져나왔다.

스토리의 힘, 최참판댁

최참판댁 입구에 '박경리 소설 《토지》의 주무대 최참판댁'이라는 이정표가 깔끔하게 우리를 맞이해줬다. 맞은편 빵집 옆에 36번 스탬프함이 나를 반겨줬다. 한걸음에 달려가 스탬프를 찍었다. 백의종군길 걷기 전에 정보를 얻고자 답사 관련 책을 읽었는데 백의종군길을 걷는 사람이 이 빵집을 방문하면 아메리카노를 준다는 내용이 있었다. 그런데 일행이 4명이니 다 들어가 커피를 공짜로 달라고 하기도 그렇고 점심 식사 후 커피를 마셨기에 그냥 최참판댁을 보러 갔다. 가는 길 중간 매표소에서 입장권을 끊고 들어가야 했는데 입장료가 2,000원이었다. 입장료까지 내고 오르막길을 오르려니 더 힘이 드는 듯했

---

123 2011~2015년에 걸쳐 하동군과 광양시가 연계해 시행한 사업이다. 섬진강을 마주보고 하동읍 송림공원 ~ 화개장터 ~ 남도대교 ~ 광양시 다압면 하천리 ~ 송림공원 맞은편 신원리까지 40.4㎞를 연결한 길이다. 이 중 하동구간은 송림공원에서 화개장터까지 20.9㎞다. 이 구간에는 녹차길, 은모래길, 두꺼비바위쉼터, 대나무길 등 12곳의 테마쉼터를 조성하고 있다.

평사리 최참판댁에서 바라본 지리산 풍광

다. 하지만 막상 최참판댁에 올라와 볼 수 있는 고택과 탁트인 경치는
입장료가 하나도 아깝지 않다는 생각이 들었다.

최참판댁을 돌아본 후 옆에 있는 박경리 문학관을 둘러봤다. 하동
악양(또는 평사리)이라고 하면 사람들이 잘 모르지만 소설 《토지》의
배경이 되었던 곳이라면 대부분의 사람들은 고개를 끄덕인다. 그 소
설 《토지》를 쓴 작가가 바로 박경리이고 그 배경이 된 곳이 이곳 악양
이다. 최참판은 실제로 있었던 인물이 아니라 소설 토지에 나오는 사
람으로 이곳은 2001년 드라마 세트장으로 조성된 곳이었다. 스토리
(소설+드라마)와 연계해 잘 지어놓으니 이렇게 사람들이 꾸준하게 찾
는 관광지가 되었다. 초기 비용을 아끼려 허접하게 지어놓고 드라마
인기에만 의존하다가 금방 잊힌 공간으로 전락한 세트장이 많은데

이곳을 둘러보면서 오래가려면 어떻게 해야 하는지 많은 생각을 하게 만드는 곳이었다. 최참판댁을 나와 '평사리 부부소나무'를 지나 악양삼거리까지 왔다.

> 그길로 석주관에 이르니 비가 퍼붓듯이 온다. 말을 쉬게 하고 엎어지며 자빠지며 힘들게 악양 이정란의 집에 이르렀으나 문을 닫고 거절하는 것이었다.[124]

석주관을 출발한 이순신장군은 엄청난 비를 맞으며 악양에 도착했다. 요즘처럼 길도 좋지 않았을 것이라 많은 비에 길은 진흙탕으로 변했을 것이고 힘겹게 악양까지 왔을 것이다. 계속된 비로 악양에서 하루 묵으려는데 집주인이 이순신을 받아주지 않았다. 난중일기에 따르면 집주인은 이정란이었지만 김덕령의 아우 김덕린이 그 집을 빌려 살고 있었다. 그는 왜 하루 묵겠다는 이순신의 요청을 받아주지 않았는지는 정확한 기록이 없어서 알 수 없다. 다만 아들 열이 억지로 청하여 그 집에서 잤다고 기록되어 있다. 이순신이 하루를 묵었던 곳은 최참판댁 근처였을까 아니면 악양 교차로 근처였을까?

백의종군길을 걸으면서 이정표의 모양이 각 도마다 다르다는 사실을 알았다. 이정표 모양을 하나로 통일하는 것도 좋겠지만 도마다 특색 있게 제작해서 설치하는 것도 의미 있겠다. 백의종군길을 걸어

---

124 석오문화재단, 앞의 책, 2023, p.365 (1597. 5. 26)

지역마다 다양한 형태의 백의종군길 이정표가 있다.

보니 길을 잃지 않고 걸을 수 있도록 이정표를 잘 설치하는 것도 중요하지만 그것보다 두 가지를 먼저 해결했으면 했다. 먼저 답사자들이 마음 놓고 걸을 수 있게 길을 정비해주는 것이다. 지금은 별도의 보행로가 없어 차도 갓길을 걷는 구간이 많은데 차량 질주로 위험한 경우가 많았다. 마음 편하게 자기 자신 또는 동행자와 대화를 나누며 이순신정신을 되돌아보고 자아 성찰할 수 있는 환경이 조성되었으면 좋겠다. 두 번째는 제대로 된 백의종군길을 복원하는 것이다. 백의종군길을 걷다보면 경로가 지역관광지와 연계되어 설정한 곳이 여러 곳이 있었는데 관련 기관과 지자체가 협의를 통해 조정되었으면 좋겠다.

악양삼거리를 지나 다시 섬진강대로로 들어섰다. 여기서부터 자전거와 사람이 다닐 수 있도록 차도 옆으로 펜스로 구분된 보행로가 있었다. 약 2㎞ 정도 걸은 후 흥룡길로 들어섰다. 흥룡마을 버스정류장 뒤편에 있는 흑룡마을회관 한쪽 벽에 37번 스탬프함이 걸려있었다. 스탬프를 꺼내 패스포트에 찍고 회관 앞 평상에 앉아 신발을 벗고 발바닥 마사지를 하면서 잠시 에너지를 충전했다.

흥룡길을 따라 다시 섬진강대로로 나왔다. 보도를 따라 걷거나 보도를 이용할 수 없는 곳에서는 도로 바깥쪽으로 바짝 붙어서 걸었다. 백의종군길 걷기를 시작한 후 여러 명이 함께 걷는 것은 오늘이 처음이었는데 함께 이야기 나누며 걸으니 혼자 생각할 수 있는 시간은 줄었지만 걷는 것이 심심하지 않았고 또 힘이 솟아 걷는 속도도 조금은 빨라진 듯했다. 길을 걷다보니 작은 농막 같은 집들이 여러 채 있었다. 이 대로변에 뭐지 했는데 '알프스하동배직판장'이라는 안내판이 있었다. 고속도로 졸음쉼터같이 갓길로 빠져서 차량들이 안전하게 주차를 하고 배를 살 수 있도록 되어 있는 게 지자체에서 조성한 것 같았다. '알프스하동배직판장'을 지나 화심마을길로 들어서 길을 따라 두곡마을회관이 나올 때까지 계속 걸었다. 두곡마을회관에 도착해 정자에 있는 38번 스탬프함에서 스탬프를 꺼내 패스포트에 찍었다. 이제 해가 지고 어둠이 밀려오는데 두곡마을에는 숙박시설이 없었다. 하동읍내에 숙소가 많은데 약 3~40분 정도 걸으면 갈 수 있는 거리라 손전등을 비추면서 조심스럽게 걸어갔다. 읍내로 들어오니 가게 간판과 가로등 불빛으로 손전등을 비추지 않아도 충분히 걸을 수 있었다. 이정표를 보니 합천 율곡까지 약 120㎞ 남았다고 알려준다. 숙소를 잡고 식사 후 각자 휴식을 취했다.

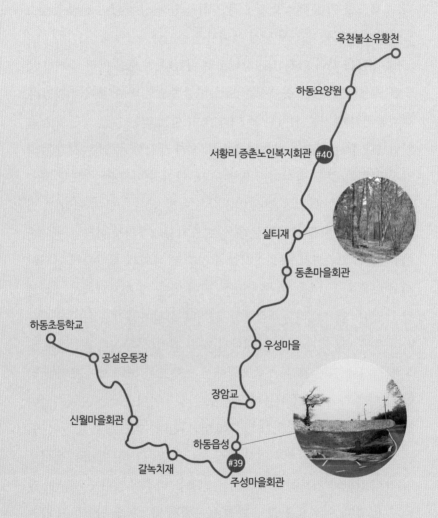

옥천불소유황천

하동요양원

서황리 증촌노인복지회관 #40

실티재

동촌마을회관

우성마을

장암교

하동초등학교

공설운동장

신월마을회관

하동읍성

#39

갈녹치재

주성마을회관

백의종군길 답사 18일차,
산길을 걷고 또 산길을 걸었던 하루

피톤치드 가득했던 하동읍성 역사탐방길

> 늦게 떠나 하동현에 이르니 그 고을의 현감 신진이 서로 만나
> 게 된 것을 반기며 성안의 별채로 맞아들여 간곡한 정을 베풀
> 었다. 그리고 원균의 일은 미친 짓이 많다고 말했다.[125]

이순신은 전날 악양에서 비에 젖었던 옷을 말리느라 이날 느지막
하게 길을 떠나는 바람에 멀리 가지 못하고 두치에서 하루를 머물렀
었다. 28일 난중일기에 이유는 기록되지 않았으나 이날도 느지막하
게 길을 떠났다. 하동 두치에서 길을 나선 이순신은 이날 하동에 도착
하였는데 현감은 그를 환대하며 성안 별채로 맞아들여 정성을 다해

---

125 석오문화재단, 앞의 책, 2023, p.366 (1597. 5. 28)

대접하였다. 당시 하동현은 지금 하동 중심가가 있는 곳이 아니라 하동읍성 안에 위치하고 있었다. 오늘은 현재의 하동읍 중심지에서 임진왜란 당시의 하동읍 중심지로 출발하는 여정으로 시작했다.

하동초등학교에서 군청 앞을 지나 군청로를 따라서 비파마을, 신촌마을, 신기마을을 차례로 지나 공설운동장로를 따라 계속 걸었다. 마을을 지날 때 사람은 만날 수 없었는데 개 짖는 소리는 요란하게 들리는 공통점이 있었다. 이번에는 목줄이 풀려있는 녀석들이 없어서 다행이었다. 공설운동장로는 대부분의 지방도로처럼 보행자를 위한 인도가 없었다. 차가 많이 다니지 않았지만 차소리가 들리면 갓길로 더 나가서 걷거나 한쪽에 서있다 가기를 반복했다. 한참을 가다가 나온 삼거리 갈림길에서 백의종군길 표지석 안내에 따라 왼쪽길로 방향을 틀었다. 갈림길이 있을 때 안내표지판이 있으면 초행길인 사람들에게 크게 도움이 된다.

안내에 따라 좌측으로 꺾어 늘봉길로 들어서 갈녹치재를 향해 천천히 올라갔다. 갈녹치재를 향한 고갯길은 왕복2차선 아스팔트도로였는데 경사가 심한 오르막으로 올라가는 게 쉽지는 않았다. 조선시대 선조들은 비포장 산길을 걸어서 넘었다니 대단하다 생각되었다. 외진 도로라 주변에는 인가도 차도 없어서 고요했고 우리 일행들의 가쁜 숨소리만 정적을 깨뜨렸다. 힘겹게 갈녹치재 정상에 도착했다. 지속적인 오르막길 1.5㎞정도 걷는 것이 이렇게 힘들다는 것을 오랜만에 체험했다. 심호흡 한번 하고 고전면사무소를 향해 내려갔다. 경

주성마을회관 앞 하동읍성 표지석

사가 급한 내리막 아스팔트길이라 다리에 힘을 주고 버티면서 걸음을 걷느라 운동화 앞쪽으로 쏠린 발끝과 온몸의 체중을 지탱하는 무릎관절에 많은 무리를 줬다. 내리막 길이라 편할 거라 생각했는데 느낌적으로 평지를 걷는 것에 비해 2배 정도 힘이 들어갔다. 고전면생활체육공원을 지나 삼거리에 도달하니 이정표가 왼쪽을 가리키고 있었다. 왼쪽으로 돌아 하동읍성로를 따라 언덕길을 올라갔다 내려오기를 반복한 끝에 하동읍성[126] 표지석에 도착했다.

표지석 주변에는 하동읍성 안내판, 하동군 고전면민 만세운동기념비, 백의종군길 안내 비석 등이 옹기종기 모여 있었다. 39번 스탬프

---

[126] 하동읍성은 하동현의 관청인 하동현청과 민가를 보호하기 위해 쌓은 성으로 1471년(태종 17)에 만들어졌다. 읍성으로는 드물게 산 위에 쌓은 산성으로 양경산 안쪽의 골짜기를 감싸 안은 마름모꼴이며 돌을 쌓아 만든 석축성이기도 하다. 1703년(숙종 29)에 하동현청을 지금의 하동읍인 진답면으로 옮기면서 하동읍성은 그 역할을 다하게 되었다.

함은 하동읍성 표지석 뒤편에 있는 주성마을회관 현관 옆에 있었다. 패스포트에 39번 스탬프를 찍고 안내판이 가리키는 곳으로 발걸음을 옮겼다. 오르막을 한 굽이 돌아서니 멀리 읍성이 보였다. 읍성 한가운데 우뚝 솟은 나무는 수령이 얼마나 되었을까? 성을 복원하면서 나무를 베어내지 않고 V자로 쌓은 모습이 재미있었다.

> 몸이 몹시 불편했다. 그래서 떠나지 못하고 그대로 머무르며 조리했다. 현감이 정다운 말을 많이 했다.[127]

이순신은 하동현청에서 하루 머문 후 다음날 길을 나서려고 했으나 몸이 너무 불편해서 떠나지 못하고 하루를 더 머물렀다. 마음이 아파 병을 얻은 것인지 몸이 아파 병을 얻은 것인지 알 수는 없었지만 얼마나 몸이 아팠으면 하루를 더 머무르기로 했을까? 아픈 이순신을 현감은 정성을 다해 보살폈다. 하루를 쉰 그는 다음날 도원수 권율이 있는 초계를 향해 길을 나섰다.

하동읍성 뒤로 나있는 길을 따라 조금 올라가니 본격적인 산길이 나타났다. 오히려 이런 산길은 아스팔트로 포장된 경사길보다 걷기는 더 편했다. 이 길은 강가의 아름다운 경관도 웅장한 산자락의 자태도 볼 수 없었지만 대나무와 소나무들이 잘 어우러져 터널도 만들고 피톤치드도 뿜어주는 아기자기한 길이었다. 거기다 군데군데 고전역사탐방로 안내판과 한국걷기연맹에서 달아 놓은 안내 리본이 길을

---

127 석오문화재단, 앞의 책, 2023, p.366 (1597. 5. 29)

하동읍성

잘 안내하고 있어 편안하게 올라갈 수 있었다. 피톤치드 가득한 신선한 공기를 만끽하며 한참을 걷는데 우리가 경로를 이탈했다는 경고가 떴다. 뭔가 잘못된 길을 가고 있었다. 맨 앞에서 길을 리드하던 나는 돌아서서 되돌아가자고 말했다. 뒤에서 나만 보고 따라오던 일행들이 무슨 일이냐고 물어봐서 경로를 이탈한 것 같다고 했더니 아무 말 없이 뒤돌아 왔던 길을 내려갔다. 한참을 내려와 옆으로 빠지는 길을 찾았는데 그 길이 제대로 된 경로였다. 간만에 자연에 심취해 앞만 보고 걷다보니 가야할 갈림길을 놓쳤던 것이다. 모든 잘못은 선두에서 제대로 보지 못하고 엉뚱하게 길을 리드한 내 책임이 컸다. 내가 실수를 했음에도 아무 불평 없이 "산을 오르다보면 그럴 수 있다."며 응원해준 일행들이 그저 고마울 뿐이었다. 이후로는 고전역사탐방로 안내판, 걷기연맹 리본, 지도를 비교해가며 주의해서 길을 리드했다.

하동읍성 역사탐방길에 있는 대나무 숲

정상 즈음에 도착했을 때 뜬금없이 벤치가 있는 것을 발견했다. 여기에 벤치가 있다는 것은 사람들이 자주 온다는 것일까? 하루에 몇 명이나 이 벤치를 이용할까? 잠시 궁금증이 생겼다. 고전역사탐방로로 지정된 이 길은 경사가 그렇게 심하지 않고 주위 경관도 좋아서 걷기에 최적화된 길이었다. 이런 길이면 사람들이 많이 찾을 거라 생각하고 궁금증을 떨쳐버렸다. 내리막길을 따라 순식간에 산길을 벗어나 1003번 지방도로인 진양로로 들어선 후 바로 주교천 둑길을 따라 걸었다.

산굽이 넘고 넘어

주교천 제방길을 따라 걷다가 장시교를 건너 우성마을을 지날 때 지도를 확인했다. 대략 1km 정도 직진 후 산길을 하나 넘는 것으로 표기되어 있었다. 잠시 후 작은 소류지를 지나 오른편 길로 들어섰는데 경로 설명대로 오르막길이 시작되었다. 패스포트에는 '농로 고갯길'이라고 해서 흙길인 줄 알았는데 콘크리트로 포장된 길이었다. 이런 산길은 흙길이 더 걷기 좋다는 생각이 드니 콘크리트 바닥을 내딛는 발바닥에 전해지는 충격이 더 크게 느껴졌다. 이런 콘크리트 산길은 비록 힘은 조금 더 들지만 길을 잃을 걱정은 없다고 스스로 위로하며 힘들다는 생각을 떨쳐버리려고 노력했다. 즐겁게 이야기하며 길을 걷던 일행들도 오르막길이 힘든지 말이 없어졌다. 산길을 넘어서 '양보로'로 진입했다.

양보로를 따라 동촌마을과 서촌마을을 통과했다. 지도를 보면 서촌마을을 통과한 후 실티재를 넘는 것으로 되어 있었다. 실티재도 예전 천안과 정안 중간에 있던 개치재 정도의 고개가 아닐까 생각했다. 길은 콘크리트로 포장되어 있었는데 산으로 좀 더 들어서자 완전한 산길로 변했다. 예전 백의종군길을 먼저 다녀오신 분의 블로그에서 이 구간은 풀이 무성해서 길 식별이 잘 안 되었다고 쓴 것을 본 적이 있었다. 그래서 바짝 긴장하고 들어섰는데 의외로 한국걷기연맹이 달아놓은 리본 덕분에 길을 헤매지 않았다. 이런 행운은 수풀이 왕성하게 자라 길을 뒤덮기 전에 이 고개를 넘었기 때문이 아닐까 생각했다. 길을 헤매지 않으니 아직 꽃들이 만개하지는 않았지만 주변에 간간이 꽃도 볼 여유도 있어서 기분 좋게 걸을 수 있었다.

그동안 산길을 몇 번이나 넘었지만 산 속에서 길을 찾아 간다는 게 보통 힘든 일이 아니란 걸 오늘도 느꼈다. 산 속에는 짧은 거리 내에 여러 갈래의 길이 있기에 지도와 GPS의 도움을 받는다 해도 자칫 다른 길로 빠져서 다시 돌아오는 일이 다반사였다. 이런 산길에는 길을 잃지 않고 안전하게 갈 수 있도록 안내표지를 일반도로보다 더 촘촘하게 해줘야하는데 현실은 그 반대의 경우가 많았다. 한국걷기연맹에서도 많은 분들이 힘을 합쳐서 전신주나 나무에 리본을 달아서 길을 표시하는데 이게 가지가 부러지거나 리본이 오래되어 없어지는 것도 많아서 온전하게 길 안내를 해주지 못하는 경우가 있었다. 그런데 그게 머피의 법칙도 아니고 유독 헷갈리기 쉬운 지점에서 리본이 없는 경우가 많았다. 이를 해결하는 가장 좋은 방법은 백의종군길 중에 산길만이라도 야자매트 같은 것을 바닥에 깔아주면 어떨까 생각해봤다. 물론 예산이 들어가야 하지만 동네 등산로에도 야자매트가 쭈욱 깔렸는데 정부와 지자체가 힘을 합치면 불가능한 것도 아닐 것이다.

사평마을회관과 모성마을회관을 지나니 다시 산길이 나왔다. 이 구간만 넘으면 오늘 계획했던 도보답사가 모두 끝난다. 목적지가 바로 눈앞에 있다는 생각에 이번 산길은 힘든 줄 모르고 넘었다. 사람은 낯선 환경을 만났을 때 그걸 어떻게 생각하고 받아들이느냐에 따라 문제를 해결해나가는 에너지가 달라진다. 서황리 중촌마을회관 앞 정자에서 40번 스탬프를 꺼내 패스포트에 찍었다. 오늘 산길을 여러 번 넘어서 다른 날보다 힘들었지만 목표를 달성하니 힘든 만큼 기쁨도 컸다.

실티재 봄꽃

　오늘 목적지는 40번 스탬프함이 있는 중촌마을회관까지였다. 그런데 주변에는 숙식을 할 만한 곳이 없었다. 사전 검색했을 때 이곳에서 약 5㎞ 정도 떨어진 곳에 유황온천이 있는데 그 곳에 식당과 숙소가 있었다. 정자를 출발해서 1005번 지방도로(옥단로)로 접어들었다. 산을 넘느라 에너지도 많이 쏟았고 저녁 먹을 때가 가까워져서 그런지 에너지 소진되는 속도가 두 배로 빨라졌다. 숙소에 도착해서 방에 짐을 넣어두고 바로 온천에 들어가 온천욕을 했다. 몸이 나른해지는 게 바로 숙소로 들어가고 싶은 마음이 스물스물 올라왔다. 아마 혼자였으면 그렇게 했을 수도 있었을 것이다. 하지만 단체이니 온천 후 옆에 있는 국밥집으로 가서 저녁을 먹고 숙소로 들어왔다. 숙소로 들어와 누웠는데 등 따시고 배부르니 순식간에 잠이 들어 완전 꿀잠을 잤다.

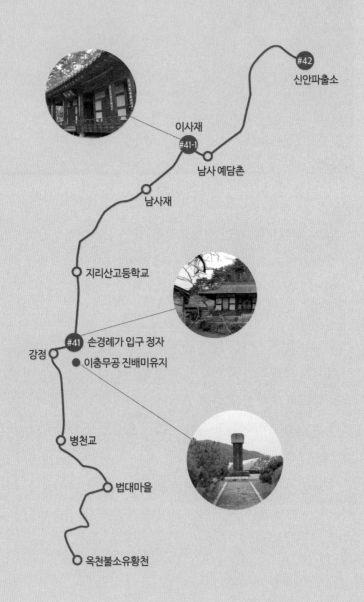

#42
신안파출소

이사재
#41-1

남사 예담촌

남사재

지리산고등학교

#41 손경례가 입구 정자

강정
● 이충무공 진배미유지

병천교

법대마을

옥천불소유황천

백의종군길 답사 19일차,
삼도수군통제사 재임명지를 돌아보다

손경래 가옥 그리고 진배미

어제 온천을 하고 자서 그런지 아침에 상쾌하게 일어났다. 간단히 아침 식사를 하고 길을 나섰다. 세종태실로[128]를 따라 내려오다 북방천 영담교를 지나 사거리에서 우회전했다. 도로명이 왠지 세종임금과 관련이 있는 듯했다.

일찍 떠나 청수역에 이르러 말을 쉬게 했다.[129]

청수역의[130]정확한 위치를 알 수는 없지만 대략적으로 하동군 옥

---

128 경남 사천시 곤명면 마곡리에서 하동군 옥종면 양구리까지의 도로로 2번 사천시도와 21번 하동군도의 일부이다. 도로명은 경상남도 기념물 30호 사천 세종대왕 태실지에서 따왔다.
129 석오문화재단, 앞의 책, 2023, p.366 (1597. 6. 1)

하동 정수리 백의종군길 표지석, 특이하게 노량까지의 거리도 표시되어 있다.

종면 정수리 어딘가[131]에 위치하고 있었다. 어제 일행이 하룻밤을 묵었던 곳이 바로 정수리에 있는 숙소였고 정수리에 흐르는 냇물은 바로 북방천을 가리킨다. 이순신은 이곳 어딘가에 있었던 정자에서 잠시 쉬면서 말도 쉬게 했을 것이다. 영담교를 지난 사거리에 백의종군길 이정표가 있었는데 특이하게 노량이 표시되어 있었다. 백의종군길 안내표지에 노량이 있다는 게 특이했다. 백의종군중이던 이순신은 칠천량해전에서 조선수군이 괴멸되었다는 소식을 접한 후 도원수 권율이 이순신에게 달려왔을 때 '직접 현장을 확인하고 방법을 찾아

---

130 역(역참)은 고려/조선시대 마구간과 여관을 제공하고 지방의 공적 업무를 대행하던 장소다. 고려시대에는 100리(약 40㎞), 조선시대에는 30리(약 12㎞)마다 역참이 있었다. 우리가 거리를 이야기할 때 한참을 가야한다는 말이 이 역참과 역참 사이의 거리를 일컫던 '한참站'에서 온 말이다.

131 하동옥산서원 인근에 청수역 건물을 복원했지만 정확한 위치는 아니고 실제는 건너편 농지 부근에 있었다고 전한다.

보는 게 좋겠다.'고 말하고 군관들과 함께 즉시 길을 나서 7월 21일 노량에 도착하여 상황을 파악했다. 경상남도는 이 때 이순신이 다녔던 길도 백의종군길로 분류하는 것 같았다. 백의종군길의 시작 지점은 이론의 여지가 없이 한성이지만 어디까지를 백의종군길로 할 것인지는 이견이 있는 것 같았다. 도원수 권율이 있는 곳까지 간 것을 백의종군길로 할 것인지 삼도수군통제사에 재임명되기 직전까지 백의종군 신분으로 다녔던 경로를 백의종군길로 할 것인지 기준을 정립하면 좋겠다는 생각이 들었다.

표지석에서 우회전해서 옥산서원길을 따라가다 통곡교를 건넌 후 왼쪽 산길로 들어섰다. 이번 산길은 그렇게 험하지 않고 구간도 짧아서 크게 어려움이 없었다. 거기다 중간 중간 한국걷기연맹에서 달아 놓은 빨간리본이 길 안내를 잘 해줘서 수월하게 걸었다. 산길을 넘고 옥수로를 지나 법대길로 접어들었다. 법대마을을 지나 덕천로 끝자락에서 오른쪽 방향으로 돌아서 신성교를 이용 호계천을 건너야 했다. 백의종군길 답사 준비를 하면서 먼저 다녀온 분의 글을 읽어보니 덕천로 끝에서 신성교로 가는 중간부분의 길이 한 사람이 겨우 지나갈 정도의 좁은 길이라고 했다. 또한 자칫 발을 헛디디면 강으로 떨어질 위험이 있어서 병천교로 우회했다고 쓰여 있었다. 나도 일행을 선도하면서 굳이 위험한 길을 고집할 이유가 없어서 병천교로 우회했다. 위험은 피할 수 있으면 피하는 게 최상책이고 피할 수 없을 때는 만반의 대비를 하고 헤쳐나가야 한다.

병천교를 건너 덕천로를 따라 걸어가는데 길 오른쪽으로는 비닐하우스가 빽빽하게 들어서 있었다. 정박사님이 이 동네 비닐하우스

하동 문암교 옆 정자 강정(江亭)

는 전부 딸기를 재배한다고 했다. 그 말을 들으니 딸기향이 도로까지 나는 듯했다. 내가 "온천지에 딸기가 널렸는데 딸기를 먹을 수 없다니 이런 고문이 어디 있냐."고 말했다. 뒤에 따라오던 정박사님이 "조금만 더 걸으면 내가 딸기 질리도록 먹게 해줄게."라고 말씀하셨다. 나는 속으로 농담도 심하다고 생각했는데 잠시후 앞서 가던 정박사님이 한 비닐하우스 안으로 들어가더니 들어오라고 우리를 불렀다. 안으로 들어가니 주인인 듯한 분이 인사를 하며 우리를 맞아주셨다. 알고 봤더니 정박사님 여동생이 이곳에서 딸기하우스를 하고 계셨고 우리를 반갑게 맞아주신 분은 그 여동생의 남편이었다. 주인은 오늘 수확한 딸기를 한 바구니 가지고 나와서 대접을 했다. 믹스커피도 셀프로 한 잔씩 마시고 딸기도 마음껏 먹었다. 지금까지 살아오면서 딸기만 먹어서 배부름을 느낀 게 처음이었다.

짧은 휴식이지만 신선한 딸기를 마음껏 먹고 에너지 충만한 상태에서 길을 나섰다. 문암교를 건너기 직전에 정자가 하나 있었다. 정자의 이름이 강 옆에 있는 정자라는 뜻인지 강정江亭[132]이었다. 정자 앞에 있는 설명문을 읽어보니 이순신과 관련이 있었다.

> 낮에 진주 정개산성 아래 있는 강정에 이르렀다. 진주 목사가 보러 왔다.[133]
> 일찍 밥을 먹고 정개산성 밑에 있는 송정松亭으로 가서 황 종사관 및 진주 목사와 더불어 이야기하다 날이 저물어 숙소로 돌아왔다.[134]

이순신이 백의종군 중 조선 수군의 칠천량 패전 소식을 듣고 수군 재건을 위해 노량을 가고 올 때 이 정자에서 진주 목사와 위기에 내몰린 나라의 앞날에 대해 이야기를 나누던 의미 있는 장소였다.

문암교를 건너 직진하다 삼거리에서 우회전하니 왼쪽 멀리 정자가 보였다. 패스포트에 41번 스탬프는 손경례의 집 입구 정자에 있다고 했다. 멀리 보이는 정자에 스탬프함이 있고 그 뒤로 손경례의 집이 있을 거라고 생각을 했다. 사실 백의종군 때 이순신장군은 손경례의 집에 들르지는 않았다. 청수에서 하루를 머문 후 다음날 바로 단성으로 가서 하루를 묵었다. 이순신장군이 손경례의 집에 머문 것은 노량

---

132 이순신 장군이 도원수 권율의 휘하에서 백의종군하다가 정유년(1597년) 7월 16일 원균이 이끄는 수군이 대패했다는 소식을 듣고 합천을 떠나 전황을 살피기 위해 오가며 잠시 휴식을 취했던 곳이다. 전황을 살피러 오가는 중 7월 20일과 26일 이곳에서 진주 목사와 함께 대책을 숙의하였다.
133 석오문화재단, 앞의 책, 2023, p.388 (1597. 7. 20)
134 석오문화재단, 앞의 책, 2023, p.390 (1597. 7. 26)

진주시 수곡면 원계리 손경례 가옥, 이곳에서 삼도수군통제사에 재임명 교서를 받았다.

에서 패전한 조선수군을 확인하고 돌아오면서였다.

> 이른 아침 정성 건너편 손경례의 집으로 옮겼다.[135]

그는 7월 27일부터 이곳에 머물면서 체찰사가 보낸 사람, 진주 목사 등 여러 사람과 만나며 대책을 숙의했다. 또한 군사를 점검하고 훈련을 시킨 곳이기도 했으며 삼도수군통제사에 재임명하는 교지를 받은 곳도 손경례의 집이었다. 비록 백의종군길 경로에는 없지만 뜻깊은 곳인 만큼 한 번 가보기로 했다. 정자에 도착해 스탬프함에서 41번 스탬프를 꺼내 패스포트에 찍고 마을회관을 지나 위쪽으로 길을 따라 올라갔다. 마을회관 앞에는 엄청나게 오래된 나무가 있었는데 표

---

135 석오문화재단, 앞의 책, 2023, p.390 (1597. 7. 27)

지석을 보니 수령 550년의 보호수였다. 이 나무는 이순신이 이곳에 있을 때 활동사항을 직접 봤겠구나. 보호수를 지나 올라가는데 집 부근에 표지판이 없어서 정확하게 어느 집인지 구분하기가 어려웠다. 어렵게 찾아낸 손경례의 집은 아주 허름했고 관리도 부실하게 되고 있다는 인상을 받았다. 기둥과 서까래는 오래된 것이었지만 지붕과 기초는 손을 많이 봐서 옛 것이라는 느낌은 없었다. 다만 마당 한쪽에 이곳이 이순신이 삼도수군통제사를 재수임한 곳이라는 것을 알려주는 비석만 쓸쓸하게 서있었다.

> 이른 아침에 선전관 양호가 교서와 유서를 가지고 들어왔는데 분부의 내용은 곧 삼도통제사를 겸하라는 명령이었다.[136]

손경례의 집을 둘러본 후 다시 '이충무공진배미유지'로 향했다.

> 늦게 냇가로 나가서 군사를 점고하고 말을 달렸는데 원수가 보낸 군사는 모두 말도 없고 활과 화살도 없으니 쓸모가 없었다.[137]

이순신은 이곳에 머물면서 덕천강변 개활지에서 군사들을 훈련시켰다. 지금은 주변이 비닐하우스로 빽빽하게 들어선 농토로 변해 있어서 모르는 사람들은 이곳이 이순신의 호국정신이 서려있는 역사적 의의가 있는 곳이라는 것을 미처 알지 못하고 많은 딸기밭 가운데 일부라

---

136 석오문화재단, 앞의 책, 2023, p.391 (1597. 8. 3)
137 석오문화재단, 앞의 책, 2023, p.391 (1597. 7. 29)

진주시 수곡면 이충무공 진배미유지

고 생각할 것이다. 그나마 이곳이 이순신과 관련된 곳이라는 것을 알리려는 노력의 일환으로 1975년 12월 농토의 일부에 '이충무공 군사훈련 유적비'[138]를 세웠고 깨끗하게 관리되고 있었다. 하지만 주변에 찢어진 비닐하우스가 널려 있는 등 어지러운 경관은 옥의 티라고 할 수 있겠다. 의미있는 장소이니 좀 더 세심하게 관리할 필요가 있겠다.

이사재를 지나 원지까지

진배미유지를 출발해서 단성으로 향했다. 잠시 후 진주시와 산청군 경계를 알리는 표지가 나왔다. 문암교를 건너서 진주에 들어섰고 진

---

[138] 비의 크기는 높이 약 4m 너비 1.1m이고 기단부는 가로 8m 세로 8m로 경상남도 기념물 제16호로 지정되어 관리되고 있다.

배미유지를 출발해서 약 2㎞ 정도를 걸었는데 벌써 진주를 벗어나 산청군에 들어섰다. 진주는 백의종군길이 지나는 지역 중에서 가장 짧은 구간을 관리하고 있는 지자체일 것이다. 하지만 진주는 이순신이 삼도수군통제사에 다시 임명되어 정유년 큰 위기에 처했던 조선을 구하는 시발점이 된 역사적인 지역으로 단순하게 거리로만 설명하기 어려운 또 다른 의미를 가지고 있다고 할 수 있다.

덕천로를 걸어가는데 학교(지리산고등학교)가 하나 나왔다. 지리산 자락에 있어서 학교 이름을 그렇게 지은 것 같았다. 그런데 오늘 걸어오면서 사람들을 거의 만나지 못했는데 이런 곳에 학생들이 많을까 또 등하교는 어떻게 할까? 이런저런 생각을 다하며 길을 걸었다. 옥단로와 합류하는 곳에서 오른쪽으로 방향을 틀었다. 금만경로당을 경유해서 옥단로 1968번길을 따라 올라가니 야트막한 산길이 나왔다. 이곳은 정비가 잘 되어 있어서 길을 잃을 염려는 없었다. 산길을 넘어 지리산대로 내려온 후 송덕사를 지나 반송길로 접어들었다. 길을 걸어가는데 지도에서 경로와 이탈해서 점점 멀어지는 것으로 나왔다. 다시 오던 길을 되돌아 가면서 살펴보니 옆으로 빠지는 좁은 길이 있었는데 이 길이 남사재를 경유해서 이순신이 하루 묵었던 이사재로 가는 길이었다. 갈림길에 안내판도 없고 리본도 없어서 경로라고 생각하지 못하고 지나쳤던 것이다. 핸드폰 지도를 잘 보면서 길을 가다 지리산대로로 내려와 호암교를 건너 남사천 제방길을 걸었다. 이사재 도착 직전 남사 예담촌이 있었는데 〈왕이 된 남자〉 드라마 촬영지이고 유명한 부부 회화나무가 있다고 해서 잠시 들렀다. 수령이

남사예담촌 〈왕이 된 남자 드라마촬영지〉, 부부 회화나무

산청군 단성면 기산국악당 옆 41-1 스탬프함, 정자 뒤편 산 중턱에 이사재가 보인다.

310년이 된 나무는 서로 빛을 더 잘 들게 하려고 몸을 구부리며 자랐다. 그래서 이 나무 아래를 통과하면 금실 좋게 백년해로 한다는 이야기가 전해지고 있어 나도 통과했다.

잠깐 예담촌을 둘러본 후 41-1번 스탬프가 있는 이사재[139]로 이동했다. 스탬프가 있는 정자 옆으로는 엄청나게 큰 태평고가 있는 건물이 있었다. 그 건물은 기산국악당[140]있었고 정자 뒤편으로 이사재가 있었다. 스탬프를 꺼내 패스포트에 찍고 이사재를 올라가 봤다.

> 저물어 단성 땅 박호원의 농사짓는 종의 집에 들어가니 주인이 반가이 접대하기는 하나 잘 방이 좋지 못해서 힘들게 밤을 지냈다.[141]

난중일기에는 잠자는 방이 좋지 못해 겨우 밤을 지냈다고 기록되어 있었다. 이사재를 돌아보면서 느낀 것은 방이 좋지 못해서 겨우 밤을 보낼 정도의 집은 아니라는 것이었다. 이순신은 왜 방이 좋지 못하여 잠을 못 잤다고 기록했을까 궁금증이 더해졌다. 더해서 당시 농노가 전망도 좋고 고급진 집에서 생활을 할 수 있었을까 하는 생각도 들었다. 이런 궁금증은 이사재를 돌아보고 내려오면서 입구에 있는 설

---

139 조선 전기 토포사의 종사관으로 임꺽정의 난 진압에 공을 세우고 대사헌, 호조판서 등을 지낸 송월당 박호원(1527~?)의 재실이다. 상량문에 세정사팔월歲丁巳八月로 기록되어 있어 1857년에 건립된 것을 알 수 있다.
140 국악교육의 선각자 기산 박헌봉 선생의 업적을 기념하기 위해 생가를 복원하고 기산관, 교육관, 전시관을 건립하여 기산국악당이라 이름 지었다.
141 석오문화재단, 앞의 책, 2023, p.366 (1597. 6. 1)

이사재

명문을 읽고 해소가 되었다. 이사재는 박호원을 제사하기 위해 조선 후기에 지어진 재실이었다. 이순신이 백의종군할 당시에는 이사재가 없었다. 당시에는 이 근처에 박호원의 집에서 농사를 짓는 종의 집이 있었을 것이다. 아는 만큼 보인다고 이사재에 들어가기 전에 설명문을 읽었으면 쓸데없는 고민을 안 했을 건데 모르니 이런저런 생각을 한다고 쓸데없는 곳에 에너지를 낭비했다. 이사재를 나와 오늘의 최종 목적지인 신안 파출소로 향했다. 한국걷기연맹 경로는 이사교를 건너 남사천을 왼쪽에 끼고 가는 거였지만 남사천을 오른편에 끼고 가다 초포동교를 건너는 게 경관이 더 좋다고 해서 그 경로로 걸었는데 하천 옆으로 대나무 숲이 우거진 경관이 무척 아름다웠다. 초포동교를 건너 남사사거리에서 왼쪽으로 돌아 지리산대로를 따라 신안파출소를 향해 걸었다. 오늘도 걸으면서 느낀 거지만 우리나라 국도는 보행자에 대한 배려가 전혀 없다. 보행자가 많지 않아서 그렇게 도로를 설계한 부분도 있겠지만 백의종군길을 걸으면서 차량이 많은 곳을 지날 때는 내가 최대한 조심하는 게 최선의 방법이었다. 이날도 최대한 길 바깥쪽으로 붙어서 한걸음 한걸음 나아갔다. 단성면사무소를 지나 단성교를 건너니 신안파출소가 나왔다. 신안파출소 현관 옆에 42번 스탬프함이 예쁘게 우리를 맞이해줬다. 스탬프를 패스포트에 찍고 원지버스정류소로 이동해 버스를 타고 서울로 이동했다.

이번 3일간의 여정은 함께하는 동행이 있어서 마음 편하게 걸었다. 산길에서 길을 헤매도 걱정이 덜했다. 함께 걸으며 즐겁게 이야기하고 맛난 음식도 먹으며 봄기운을 받으며 걸으니 의미와 즐거움을 모두 건질 수 있었다. '빨리 가려면 혼자 가고 멀리 가려면 함께 가라.'는 아프리카 속담이 떠올랐다.

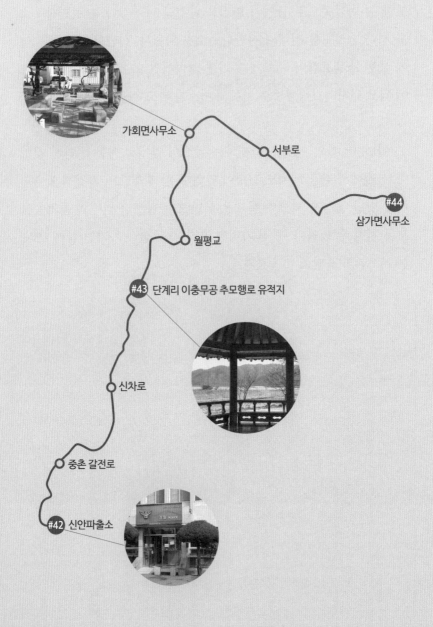

가회면사무소

서부로

#44
삼가면사무소

월평교

#43 단계리 이충무공 추모행로 유적지

신차로

중촌 갈전로

#42 신안파출소

백의종군길 답사 20일차,
함께 걸으며 함께의 의미를 되새기다

산청군 백의종군길 걷기

백의종군길 680㎞ 대장정[142]의 마지막 경로인 1박2일 여정을 신안파출소 앞에서 시작했다. 이번 여정은 정영교박사님이 함께 했다. 정박사님은 길을 걸을 때는 당보충이 중요하다며 파출소 인근 도넛가게에서 꽈배기를 사오셨다. 방금 튀겼는지 겉바속촉인 꽈배기는 달달한 설탕가루가 더해져 맛이 일품이었다. 나는 왜 이런 길거리음식이 입맛에 더 잘 맞는지 모르겠다. 어릴 적 춥고 배고프던 시절 먹거리가 많지 않았던 때 먹었던 길거리음식에 대한 향수가 있어서 더 입맛에 맞는 것 같았다.

---

142 공식적인 거리가 그렇고 숙소를 찾거나 길을 헤맨 거리까지 더하면 약 800㎞가 된다.

진주 원지 적벽산 피암터널, 보행로까지 낙석피해 방지 시설을 했다.

출발해서 원지삼거리에서 산청방향으로 우회전했다. 바로 앞에
는 적벽산[143]의 깎아지른 듯한 절벽 옆으로 나있는 피암터널이 있었
다. 준공시기를 보니 2020년 12월에 개통한 것이었다. 피암터널은 특
이하게도 터널 옆으로 오픈된 인도가 설치되어 있어 강변 경치를 만
끽하면서 걸어갈 수 있었다. 또 보행길 위로 처마같이 지붕이 있어서
왜 이렇게 만들었을까 궁금증이 생겼다. 인터넷 검색을 해보니 이 도
로는 산청읍에서 진주로 운행하는 시외버스를 비롯해 지리산을 찾
는 방문객이 많이 이용한다. 교통량은 많은데 바로 옆에 높이가 100m
나 되는 적벽산 절벽을 끼고 있어 매년 낙석으로 인적·물적 피해가 빈
번하게 발생했었다. 차량과 사람의 안전을 위해 터널 공사를 하게 되

---

143 경상남도 산청군 신안면 하정리에 있는 산으로 조선시대 지리지와 지도에는 적벽으로 표
기되었다. 적벽 앞에 흐르는 경호강을 적벽강이라고도 불렀다. 적벽은 경치가 뛰어나 유학
자들에게 명승지로 널리 알려져서 강회江會하는 장소로 유명하였다.

었는데 보행자도 낙석의 위험에서 보호하기 위해 보행로 위에도 지붕을 덮게 되었다는 설명이었다. 백의종군길을 걸으면서 차량 중심의 도로를 걷느라 많이 불편했는데 보행자까지 배려하는 도로에 상쾌한 기분으로 걷기를 시작했다. 보행자를 위한 배려는 터널을 지나 중촌갈전로로 들어서면서 끝났다. 중촌갈전로는 편도 1차로의 좁은 길이고 별도의 보행로는 없었다. 최대한 조심해서 길을 걷는데 다행히 통행하는 차량이 많지 않았다. 그래도 차가 다가오는 소리가 들리면 뒤를 돌아보며 도로 바깥쪽으로 최대한 붙어서 가거나 잠시 멈췄다 차가 지나간 후 걷기를 계속했다. 길 오른편에 흐르는 갈전천을 따라 계속 길을 가는데 길에서 좀 떨어진 곳에 오래된 건물이 하나 보였다. 길에 안곡서원[144] 표지석이 있는 것을 보니 보이는 건물이 안곡서원인 듯했다. 서원을 지나 창안마을 표지석이 있는 사거리에 백의종군길 이정표가 있었다. 백의종군길은 오른쪽으로 가면 되는데 합천까지 56㎞ 남았다고 표시되어 있었다. 이정표 지시대로 우회전해서 지리산대로 3833번길을 따라 걸었다.

지리산대로 3833번 길은 시작부터 조금씩 오르막 경사였는데 비교적 야트막한 고개라 쉽게 넘어갈 수 있었다. 고개를 넘으니 진태마을 정자가 보였고 정자 앞에 백의종군길 이정표가 친절하게 왼쪽으로 가라고 알려줬다. 좌회전하니 멀리 사일로 같은 건물이 보였다. 이런 곳에 시멘트공장이 있을 리도 없고 뭘까 했는데 가까이 가보니 농

---

144 '이화에 월백하고'로 알려져 있는 고려 충신 이조년과 이장경, 이포, 이인립, 이제의 영정을 봉안하고 제향하면서 서당의 기능도 함께한 곳이다. 강당은 1913년에 영당은 1916년에 지어졌다.

협에서 운용하는 미곡종합처리장이었다. 이곳에서 벼를 수확한 후 건조, 저장, 도정, 검사, 판매 등의 모든 과정을 자동화해서 일괄 처리하고 있었다. 내가 어렸을 적에는 추수철만 되면 동네주민들이 함께 힘을 합쳐 추수를 한 후 햇볕에 곡식을 말리고 탈곡하는 과정을 모두 사람의 손으로 했는데 지금은 대규모로 시설을 만들어 전 과정을 자동화하고 한 곳에서 일괄 처리하니 효율도 좋아지고 품질도 일정하게 유지될 수 있겠다.

도산초등학교 앞 문대삼거리에서 좌측의 신차로로 진입했다. 마을을 통과할 때까지는 보도가 있어서 걷기가 편했는데 마을을 벗어나니 역시 보도가 없었다. 이때부터 보도가 없는 편도 1차로를 걷는데 다른 곳보다 도로 폭이 좁다고 느꼈다. 여기서도 보행자는 오가는 차를 신경써야하고 피해야하는 을의 입장이었다. 차를 신경쓰면서 걷는데 외교마을회관 인근에 도로 옆에 산책로가 조성되어 있었다. 신등천을 따라 나란하게 조성된 산책길은 좌우로 나무가 심어져 있어 여름에도 그늘 아래서 산책을 할 수 있을 것 같았다. 산책로는 비포장으로 흙길을 걸으니 다리에 전달되는 피로도도 줄어들었고 차량을 신경쓰지 않고 걸으니 마음이 편안해졌다. 이런 현상이 일어나는 것은 백의종군길 답사 중 보행자 도로가 없는 차도 보행 시 사고 위험에 대한 부담감이 크다는 걸 반증하는 것 아닐까?

신등 119지역대 인근에 오른쪽 가파른 언덕길 방향으로 '이순신장군 백의종군 행로유적지' 안내판이 나왔다. 어떤 유적이 있을까? 언덕길을 올라가면 과연 백의종군 행로 유적지가 나올까? 의구심 반 궁금

산청군 신등면 백의종군 행로유적지 안내판

증 반으로 급경사 언덕길을 올라갔다. 막상 언덕을 올라가 정상에 도착하니 주변에는 아무것도 없었고 길도 끊겨있었다. 다시 내려와 119 기동대 건물 앞에서 오른쪽 좁은 길로 들어서니 이순신 동상, 백의종군로 비석 등이 있었다. 여기가 이충무공 추모행로 유적지였다. 아까 이정표의 위치가 잘못되어 있었던 것이다. 나중에 알고 봤더니 나 말고도 예전에 이곳을 지나간 답사자들이 모두 한 번씩은 이 언덕길을 올라갔다 되돌아왔다. 이정표를 제대로 세워줬으면 좋겠다.

비가 오다 개다 하였다. 일찍 떠나 단계에서 아침을 먹었다.[146]

이순신장군은 비가 오락가락하는 날씨 속에서 아침 일찍 단성을 떠나 길을 가던 중 민폐를 걱정하여 단계마을을 통과하지 않고 마을

산청군 신등면 단계리 이순신 추모행로 유적지

옆 단계천 시냇가를 선택하여 아침을 먹었다. 유적지 옆을 흐르는 단계천 어딘가에서 쉬면서 아침을 드셨을 것이다. 정확한 위치는 알 수 없으나 지역민들이 장군의 정신을 비교적 사람들이 접근하기 쉬운 이곳에 유적지를 조성한 듯하다. 쉼터 안내문을 읽어보니 어려운 길을 가는 중에도 백성을 생각하는 장군의 마음을 제대로 느낄 수 있었다. 동상 뒤편에 있는 '충무공이순신 백의종군 추모탑'은 1997년 경상남도와 교육청에서 이순신장군의 충효사상을 기리기 위해 백의종군 순례과정을 개발해서 청소년의 산교육장으로 활용하기 위해 세웠다는 건립 취지문이 있었다.

43번 스탬프함은 추모탑 옆 백의정白衣亭 정자에 있었다. 정자는 기둥이나 난간 등 나무의 상태를 봤을 때 최근에 지은 것을 알 수 있었

---

145 석오문화재단, 앞의 책, 2023, p.367 (1597. 6. 2)

지만 정자에서 바라보는 풍광은 쉼터로서 조금도 손색이 없었다. 스탬프를 찍고 바로 정자에 올라가 잠시 주변의 풍광을 눈에 담으니 피로가 풀리는 듯했다. 꽃이 만발할 때 왔으면 얼마나 좋을까 생각이 들었다. 햇살도 좋아서 마냥 앉아서 쉬고 싶었지만 가야할 길이 있으니 아쉬운 마음을 뒤로하고 길을 나섰다. 마을을 가로질러 단계교를 건너서 1089번 지방도로인 신등가회로를 따라 걸었다.

길 오른편에는 비닐하우스가 가득 들어차 있었다. 정박사님은 다 딸기를 재배하는 것 같다고 하면서 딸기를 좀 먹고 가자고 하셨다. 나는 여기는 대부분 도매업자한테 박스 단위로 납품할 거라 개별적으로 팔지는 않을 것 같다고 했다. 정박사님은 이런 곳은 말만 잘하면 그냥 주기도 한다면서 비닐하우스 한 곳으로 들어갔는데 아무도 없었다. 소리를 질러보아도 인기척이 없었다. 탐스런 딸기들이 눈 앞에 있는데 주인을 찾을 수 없으니 먹을 수 없었다. 주인의 허락도 없이 딸기에 손대면 바로 절도죄가 성립이 될 뿐더러 양심이 허락하지 않았다. 다른 비닐하우스에 들어갔는데 마침 일하는 분들이 계셨다. 딸기를 조금 먹고 갈 수 있도록 팔라고 했더니 자기들은 계약재배를 해서 소매는 하지 않는다고 거절했다. 좀 야박하다는 생각이 들었지만 어쩔 수 없었다. 그 옆 비닐하우스도 들어갔는데 사람이 보이질 않았다. 우리는 여기서 딸기를 먹을 수 있는 팔자가 아니었나보다. 딸기를 먹고 가겠다는 꿈이 무산되고 다시 1089번 지방도로를 걸었다.

큰 변화 없는 주변 환경에 좁은 지방도로를 계속 걷는 건 지루함과의 싸움이었다. 이 지루함을 깨뜨리는 시간이 왔다. 월평교를 건너 월평교사거리에서 두 갈래의 길 중에 하나를 선택해야 했다. 하나는 상

능로를 따라 가다 산길을 가로질러 삼가면으로 가는 것이었고 다른 하나는 1089번 도로를 따라 가회면을 경유해서 삼가면으로 가는 것이었다. 물론 지도상으로도 산길로 가는 것이 거리는 훨씬 단축될 것으로 보였다. 하지만 식사도 못해 허기진 데다가 산길이 잘 관리가 되어 있을 거라는 보장도 없는데 섣불리 산길을 선택하기가 부담스러웠다. 한국걷기연맹에서도 대체로로 가는 것을 권장했다. 정박사님과 상의한 결과 우리는 한국걷기연맹이 대체로로 지정한 가회면을 경유하는 길로 가기로 결정했다.

월평교, 합천을 향한 첫걸음

월평교사거리에서 좌회전하여 30분 정도 걸었는데 도로 왼쪽에 예절의 고장 가회면 표지석이 나타났고 오른편에는 어서오십시오라는 문구가 우리를 반겼다. 드디어 이순신이 도원수 권율을 만나려던 목적지가 있는 합천군 경계에 도착했다.

30분을 더 걸어서 가회면에 도착했다. 점심 시간이 조금 지나서 몹시 허기졌다. 이번 백의종군길을 걸으며 터득한 것은 도보 중 화장실이 보이면 무조건 들렀다 가는 것이고 또 하나는 식당이 있을 만한 마을에 도착하면 시간을 따지지 말고 식사를 하라는 것이었다. 늘 도심 생활에 익숙했던 나는 시간이 조금 지나도 배고프면 바로 허기를 매꿔줄 식당이 있고 화장실이 급할 때 주변 건물에 들어가면 대부분 해결이 되는 환경에 있었는데 백의종군길 주변에서는 그렇지 못하다

산청군과 합천군의 경계

는 것을 깨달았다. 이곳에는 식당이 있을 것이라는 확신을 가지고 어디 가서 배를 채울까 지도를 검색했다. 다행히 식당 몇 곳이 표시되었다. 그 중 중식당이 눈에 띄었다. 중식당은 어디를 가나 무난하게 한 끼를 해결할 수 있는 음식을 파니 거기로 가기로 했다. 중식당 하면 대표적인 메뉴가 자장면이라 쟁반자장면을 주문했다. 잠시 후 음식이 나왔는데 자장면 위에 계란프라이가 올라가 있었다. 예전 진해 등 경상도에서 근무할 때 "자장면에 계란프라이가 빠지면 경상도식이 아닙니다."라며 먹던 자장면의 맛이 떠올라 나도 모르게 미소가 지어졌다. 식사도 둘이 하니 맛이 더 나는 듯했다. 혼자 식사할 때는 그냥 후다닥 살기 위해 먹는 느낌이었다면 둘이 먹을 때는 이야기도 나누며 조금은 음식의 맛을 즐기며 먹을 수 있었다.

배도 든든하게 채웠으니 다리에 힘이 좀 들어가는 것 같았다. 식당을 나와 예정된 길을 가는 중 합천댐 이정표가 있었다. 합천댐이 여기에 있구나 생각하며 지도를 검색했더니 대략 12~3㎞ 떨어진 곳에 있었다. 자동차로 간다면 15분 이내의 거리지만 걸어서 간다면 3시간 정도 걸리는 거리라 가보는 것은 포기하고 그냥 내가 갈 길을 갔다. 그런데 그 이정표를 중심으로 지금까지 왔던 길은 신정가회로였는데 이정표를 지나서 가야하는 길은 서부로였다. 분명 걷는 입장에서는 하나의 길인데 명칭이 갑자기 바뀌니 어떤 기준으로 도로 이름을 부여하는지 궁금하기는 했다.

오늘 걷는 길은 이전 길과 다르게 거의 변화가 없었다. 다른 경로는 국도, 지방도, 마을길, 산길, 하천길 등 계속해서 환경이 바뀌니 걸어가며 느끼는 것과 소소한 이야기 소재가 많았는데 오늘은 계속해서 산 옆을 따라 나있는 차도만을 걸었다. 가회면을 출발해서 1시간 30분 정도 걸었을 때 외사마을 입구에 있는 버스정류장에 도착했다. 정류장에 내가 가는 방향으로 삼가 지명이 쓰여 있고 바로 옆 전봇대에 한국걷기연맹의 빨간 리본이 걸려있는 것을 보니 내가 제대로 가고 있다는 안도감이 들었다. 의자에 앉아서 잠시 휴식을 가졌다. 맞은편에는 큰 목련나무가 있었는데 지금까지 그렇게 큰 목련나무를 본 적이 없었다. 나무에는 하얀 목련꽃이 활짝 펴서 휴식을 하는 우리들이 꽃향기에 취하게 만들었다.

휴식을 끝내고 조금 걸으니 가회면에서 삼가면으로 넘어가는 경계를 알리는 이정표가 있었다. 가회면 표지는 비석이었는데 '살펴가소서'라고 쓰여 있었다. 일반적으로 '안녕히 가세요'라고 적는데 이건 위트가 있는 표현인데 조금 더 보태서 '살펴가입시더'라고 썼으면 더 좋지 않았을까 생각해봤다. 회전교차로가 나오고 지도에서 가리키는

봄이 왔음을 알리는 목련꽃의 자태

왼쪽으로 방향을 틀어 계속해서 서부로를 따라 걸었다. 두모마을 초입에 엄청 큰 나무가 있었는데 삼가면에 빨리 도착하자는 마음에 별관심없이 지나갔다. 나중에 알고보니 그곳이 삼가면 괴정槐亭인데 '槐는 회화나무 괴'로 회화나무, 느티나무를 일컫는다.

> 삼가현 5리 밖 홰나무 정자 아래 앉았노라니 근처에 사는 노순, 노
> 일 형제가 보러 왔다.[146]

인터넷을 검색하니 그 나무의 수령이 500년이라고 했다. 삼가면사무소에서 괴정까지 약 2.3㎞ 정도였는데 일기에 5리 밖이라고 했으니 딱 그 장소였다. 중요한 곳일 수도 있었는데 그냥 수령이 오래된 나무

---

146 석오문화재단, 앞의 책, 2023, p.367 (1597. 6. 2)

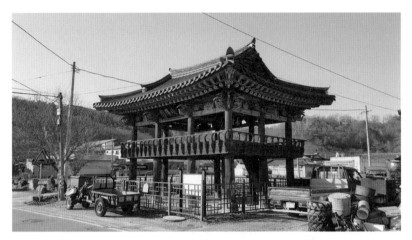

삼가면 기양루

중 하나겠지 하는 생각과 스탬프를 빨리 찍어야겠다는 생각에 정신
이 팔려서 사진을 찍지 못하고 그냥 지나치는 실수를 저질렀다.

　서부로를 따라 가다 가수교를 건너기 직전에 있는 백의종군길 이
정표에 왼쪽길로 가라고 알려줬다. 좌회전해서 삼가1로로 들어섰다.
삼가면사무소에 거의 다다랐을 때 왼쪽에 삼가 기양루147가 보였다.

　기양루는 아주 오래되고 의미있는 건물인데 공간이 너무 협소하
고 주변에 경운기와 트럭이 서있는 등 관리가 격에 어울리지 않는 것
같아 안타까웠다.

---

147 동편에 관아 터가 남아 있는 것으로 보아 조선시대 삼가현성 안에 있던 관청의 부속 건물
　　로 보인다. 정확한 조성 연대는 알 수 없지만 이 건물에 이순신 장군이 머물렀다는 기록
　　이 있는 것으로 보아 임진왜란 이전에 지어진 것으로 보인다. 함양군 안의면에는 조선 태
　　종 때 지어진 광풍루가 있는데 기양루와 형태가 매우 유사하다. 기양루라는 이름은 이 지
　　역 명칭에서 유래한 것으로 추정하고 있다. 이곳의 지명이 통일신라 경덕왕 때 삼기현에서
　　강양군으로 바뀐 적이 있었는데 이 지명에서 기岐와 양陽 두 글자를 따왔을 것이라 추정된
　　다.

늦게 삼가에 이르니 현감은 이미 산성으로 가고 없어 빈 공관에서 잤다. 고을에서 심부름하는 사람이 밥을 지어서 그것을 먹으라고 하는 것을 종들에게 먹지 말라고 타일렀다.[148]

옛 삼가현 관청은 기양루 인근에 있었던 것으로 추정하고 있다. 따라서 이순신은 이곳에서 하룻밤을 묵었을 가능성이 높다. 이순신이 왔다는 소식에 백성들은 저녁을 지어와서 대접하려 했는데 그는 함께 간 종들에게도 백성들의 밥을 받지 말라고 엄하게 일렀다. 이는 전쟁으로 삶이 힘든 백성들에게 폐를 끼치지 않으려는 이순신의 마음이 자연스럽게 표출된 것이다.

기양루를 지나 삼가면사무소로 이동하는데 이정표에 합천이 33㎞ 남았음을 알려줬다. 삼가면사무소에 도착해서 정자 안쪽에 있는 44번 스탬프함에서 스탬프를 꺼내 패스포트에 찍었다.

삼가면에 도착한 후 다음 여정을 어떻게 할 것인지 결정을 해야 했다. 정박사님은 주변에 변변한 숙소를 찾기 어려우니 차라리 해질 때까지 가다가 버스를 타고 합천으로 나가서 숙소를 잡아 제대로 휴식을 취한 후 내일 아침에 버스로 마지막 지점으로 돌아와 걷기를 계속하자고 하셨다. 그게 확실하게 피로를 풀고 다음날 쌩쌩하게 걸을 수 있는 방법이라 생각하고 한 시간 조금 더 걸어서 쌍백면 사무소에 도착한 후 버스를 타고 합천군 중심가로 들어와 버스터미널 인근에 숙소를 잡고 하루를 마무리했다.

---

148 석오문화재단, 앞의 책, 2023, p.367 (1597. 6. 2)

삼가면사무소에서 낙민2구 마을회관

28 km

낙민2구 마을회관

#46

모여곡

정양늪 생태공원

대야로

#45 대양면사무소

멱곡육교

쌍백중앙로

쌍백면사무소

#44

삼가면사무소

백의종군길 답사 21일차,
백의종군길 도보답사 대단원의 막을 내리다

만 명의 장정으로도 지나가기 어려운 곳, 모여곡

버스터미널 인근에서 아침 식사를 한 후 버스로 어제 도착지로 이동했다. 약 1시간 소요되었는데 차로 왔던 길을 다시 4시간 이상 걸어가야 한다니 막막하기도 했지만 오늘 최종 목적지에 도착한다는 생각을 하니 힘들다는 것보다 빨리 걷자는 생각이 앞섰다.

> 비가 오기 때문에 쭈그리고 앉아 어떻게 할까 하고 걱정하던 참에
> 도원수의 군관 유흥이 흥양으로부터 오므로 그와 더불어 도로 사정
> 을 이야기했다. 길을 떠날 수 없어 그대로 묵었다. 아침에 종들이
> 고을 사람들의 밥을 얻어먹었다고 하기에 종을 매로 다스리고 밥쌀
> 을 도로 갚아 주었다.[149]

이순신은 삼가현에서 하루를 묵고 다음날 길을 나서려 했으나 떠나지 못할 정도로 비가 와서 하루를 더 머물렀다. 이날 종들이 고을 사람들에게서 밥을 얻어먹었다는 이야기를 듣자 종을 엄하게 다스리고 고을 사람에게 밥을 얻어먹은 만큼 쌀로 돌려주었다. 그는 하루 전에 고을에 폐를 끼치지 않기 위해 종들에게 고을 사람들의 밥을 먹지 말라고 당부했으나 종들은 그의 말을 어겼다. 주인의 말보다 배고픔의 유혹을 참지 못했던 것이다. 이유가 뭐가 되었든 자신의 당부를 하루도 지나지 않아서 위반한 종들에게 이순신은 매로 엄하게 다스렸다. 그는 매사에 당근과 채찍을 적절하게 사용하는 리더였는데 이번에는 엄하게 채찍을 사용한 것이다. 언제나 좋을 수만은 없는 게 조직에서의 인간관계이다. 이날 난중일기는 조직을 이끄는 리더들에게 어떻게 하는 게 조직을 제대로 이끌어가는 현명한 방법인지 생각하게 만드는 장면이다.

쌍용면사무소에서 대양면사무소까지 가는 가장 빠른 길은 33번 국도인 합천대로를 따라 걷는 것이었다. 하지만 여기도 보행자 도로가 없는 왕복 4차로의 도로였다. 코스지도에는 합천대로를 따라 좌우로 나있는 쌍백중앙로를 이용하도록 안내하고 있었다. 안내한 대로 1041번 지방도로인 쌍백중앙로를 따라 걸었다. 중간 중간 합천대로를 걸어야 하는 구간도 있었지만 그 구간은 짧게 지나가고 대부분 한적한 쌍백중앙로를 이용해서 걸을 수 있었다. 가득이나 한가한 도로인데 아침 일찍 걸으니 차도 없고 사람도 없어 마치 산길을 걷는 듯한 느낌이 들었다.

---

149 석오문화재단, 앞의 책, 2023, p.367 (1597. 6. 3)

대양면사무소 정자에 있는 45번 스탬프함

2시간을 조금 넘게 걸은 후 대양면사무소에 도착했다. 45번 스탬프함은 면사무소 주차장 한쪽 켠에 있는 정자에 비치되어 있었다. 패스포트에 스탬프를 찍고 경로 안내를 살펴보니 앞으로 최종 목적지까지 약 13㎞가 남은 것으로 되어있었다. 백의종군길 완보가 눈앞에 어른거렸다. 정자에 앉아 발바닥 마사지를 하면서 마지막 여정을 잘 마무리하자는 다짐을 했다.

합천대로 아래를 굴다리로 통과하여 대로 좌측을 따라 대양로를 걸었다. 대양로 왼편에 '아천'이라는 하천이 있는데 제방이 높아서 하천은 보이지 않았다. 이순신은 저 제방길을 따라 도원수 권율에게 가지 않았을까 하는 생각이 들었다. 한참을 가는데 도로 옆 아래쪽에 산책로가 잘 만들어져 있었다. 이왕이면 저 길로 걸어가보자는 생각에 왔던 길을 조금 되돌아가 폐건물 옆을 지나 산책로로 진입했다. 입구를 좀 정비했으면 하는 생각이 들었다. 산책로는 흙길인데다 야자매트까지 깔아서 푹신푹신해서 발에 충격이 거의 없었다. 길 좌우로는

걷기 편하게 조성된 정양늪 생태공원 산책로

나무가 쭈욱 늘어선 것이 봄에 잎새가 나오면 뜨거운 햇볕도 가려줄
수 있어서 산책하기에는 너무 좋은 길이었다. 산책로 중간에 정류장
건물과 비슷하게 생긴 건물이 있었다. 나무로 지어졌는데 중간 중간 구
멍이 뻥뻥 뚫린 것이 용도를 잘 모르겠다. 안에 들어가 보니 철새를 관
찰하는 곳이라는 설명이 있었다. 또 산책로 중간 중간 중대백로, 큰기러
기, 청둥오리 등 이곳에 서식하는 철새들에 대한 설명이 읽기 좋게 만들
어져 있었다. 산책로 끝자락에 정양늪생태공원[150]이라는 표지가 있어
서 이곳이 정양늪이라는 것을 알았다.

---

150 지금으로부터 약 1만 년 전 후빙기 이후 해수면의 상승과 낙동강 본류의 퇴적으로 생겨났
다. 아천천의 배후습지이며 자연경관이 빼어나고 다양한 동·식물의 서식지로 생물학적, 생
태학적 보존가치가 매우 높은 습지로 보고되어 왔으나 황강의 수량과 수위 감소로 육지화
되고 인위적인 매립으로 수질악화가 가속되어 습지로서의 기능이 점점 상실되었다. 2007
년부터 5년간「정양늪 생태공원 조성사업」을 추진한 결과 정양늪은 생물 다양성의 보고이
자 자연과 인간의 공존을 이어주는 생명의 터로서 다시 태어나게 되었다.

정양늪 생태공원

너무 더워서 잠시 말을 쉬이고 5리쯤 되는 앞에 이르니 갈림길이 있
는데 한 길은 바로 고을로 들어가는 길이요 한 길은 초계로 가는 길
이다[151]

정양 삼거리에 도착했다. 직진을 하면 황강을 건너 합천군청 방향
으로 가고 우회전하면 초계면 방향으로 가는 갈림길이었다. 이순신
은 오른쪽 초계로 가는 길로 갔다. 나도 삼거리에서 우회전해서 동부
로를 따라 걸었다. 멀리 가게 앞에 개 한 마리가 줄에 묶여서 앉아있
는 것이 보였다. 나도 개를 키우는 입장이고 줄에 묶여있으니 경계할
필요가 없다 생각하고 그냥 걸었다. 우리가 가까이 다가가니 개가 갑
자기 벌떡 일어나 짖으며 달려들었다. 목줄에[151] 묶여있어서 우리한테

---

151 석오문화재단, 앞의 책, 2023, p.668 (1597. 6. 4)

까지 오지는 못했지만 정 박사님은 깜짝 놀라서 옆으로 황급하게 피하다가 발을 헛디뎌 넘어졌다. 얼른 다가가 일으켜드렸는데 자칫 크게 다칠 뻔했다. 어렸을 때 개에게 크게 물렸던 기억으로 개에 대한 약간의 트라우마가 있다고 하셨다. 내가 개를 좋아하고 사전에 봤다고 상대방도 똑같을 거라 생각한 게 오산이었다.

합천교차로에서 좌회전해서 동부로를 계속 걷는데 정양터널이 나왔다. 터널은 차도가 유난히 좁아 보였다. 다행히 터널 길이가 짧아서 반대쪽에서 차가 안 올 때 빠르게 터널을 통과했다. 도로 왼쪽 황강 쪽으로 제빙길 같은 길이 있었는데 차라리 저기로 가면 안전하겠다는 생각이 들었다. 그런데 가면서 보니 거긴 공사차량이 다니는 길이라 덤프트럭을 만나면 피하기도 어려워 보였다. 또한 우기에 비가 많이 오면 물에 잠길 만한 곳도 여러 군데 보여서 권장할 만한 길은 아니었다.

임북교차로에서 창녕/적포 방향으로 우회전해서 가다보니 도로 오른쪽으로 깎아지른 절벽이 보였다. 난중일기에 모여곡毛汝谷으로 표현한 곳인 듯했다.

> 개현으로 걸어오는데 기괴한 바위가 천 길이나 되고 굽이도는 강물이 깊기도 하며 길은 험하고 위태로워 만일 이 험한 곳을 눌러 지킨다면 만 명의 장정으로도 지나가기 어렵겠다. 모여곡이다.[152]

동부로를 따라가면서 본 절벽은 수직으로 깎아지른 듯 솟아올라

---

[152] 석오문화재단, 앞의 책, 2023, p.368 (1597. 6. 4)

백의종군길 1700리

합천 개벼리(모여곡)

있었다. 내가 걷는 지점의 도로는 동부로에 건설된 개벼리교[153]였다. 이 다리가 생기기 전에는 절벽 바로 밑으로 좁은 도로가 있었서 그 길로 통행을 했던 것 같았다. 한눈에 봐도 아주 험한 길이라는 느낌이 들었다. 임진왜란 때는 깎아지른 절벽 사이에 난 좁은 오솔길이었을 것이다. 지형을 잘 모르는 내가 봐도 이곳을 잘 막으면 1만 명의 군사가 몰려와도 막을 수 있겠다는 생각이 들었다.

1,700리 여정의 종착지, 초계

영전교를 지나니 고수부지에 산책로가 잘 조성된 체육공원이 있었

---

153 '개벼리'는 개(강)+비리(벼랑) 두 글자가 합쳐서 한 단어가 되었다. 뜻은 '강가의 벼랑길'이라는 뜻이다. 지역에 따라 비리를 벼리라고 부르는 곳도 있다.

다. 산책로 옆으로 심은 나무들이 아직 작아 그늘을 만들지는 못하지만 오가는 차량을 신경 쓰지 않고 편안하게 걸을 수 있어서 체육공원 산책로를 따라 걸었다.

낙민교차로를 지나 낙민천을 따라 올라가니 매화마을과 낙민2구 표지석이 있었다. 마을 입구에 있는 정자 옆에 느티나무와 '충무공이 순신 백의종군 거처지'라는 표지석이 있었다. 나무는 한눈에 봐도 수령이 오래된 것을 알 수 있었다. 안내판을 보니 높이 18m, 둘레 5m의 아름드리 느티나무로 수령이 무려 500년이었다. 이순신장군이 이곳에 계시는 동안 여러 사람들과 만나 나라 일을 논의하는 과정을 다 지켜본 나무였다. 정자를 뒤로하고 백의종군길 답사 여정을 마무리하기 위해 마을로 들어서니 멀리 마을회관이 보였다.

> 자는 방을 새로 도배하고 군관이 쉴 방 두 칸 만들었다.[154]
>
> 오후에 원수가 진에 도착하므로 나도 즉시 가보고 원수와 함께 이야기하였다.[155]

6월 4일 이곳에 도착한 이순신은 바로 머무를 숙소를 마련하였다. 도원수 권율이 진영에 없었는지 바로 만나보지 않고 3일간 원수의 군관과 종사관 등을 만나는 등 여러 사람들을 만났다. 이곳에 도착한 후 4일째 되던 날 도원수 권율이 진영에 도착했다는 말을 듣고 도원수를 처음으로 만났다. 이후 7월 18일 칠천량해전 패전 소식을 접하고 상

---

154 석오문화재단, 앞의 책, 2023, p.368 (1597. 6. 6)
155 석오문화재단, 앞의 책, 2023, p.369 (1597. 6. 8)

완보를 자축하며 기념사진 한 컷(왼쪽) '완보축하' 글씨가 찍힌 46번 스탬프(오른쪽)

황을 알아보기 위해 남해로 길을 떠날 때까지 이곳에 머물면서 한산도 진영의 장수들과 인근 고을의 수령 등 많은 사람과 만나 정세를 이야 기 하고 편지를 주고받기도 하였고 싸움에 쓸 말을 돌보기도 하였다.

마을회관에 도착, 스탬프함에서 스탬프를 꺼내 패스포트에 찍었다. 일련번호 46번이 아닌 완보축하 글귀가 찍혔다.

백의종군길 마지막 지점에서 마지막 스탬프를 찍는데 흥분되기보다 마음이 차분해졌다. 이순신장군의 나라와 백성을 향한 그 마음을 알기 때문이었을까? 앞으로 충무공 이순신 정신 전파에 더 매진해야겠다는 다짐을 하면서 인증샷을 한 장 찍었다.

드디어 나의 버킷리스트 중 하나였던 백의종군길 도보 답사를 무사히 마쳤다.

마치며

많은 사람들이 걷는
백의종군길 조성을 바라며

이순신장군의 발자취를 따라서 백의종군길 680㎞를 완보했다. 처음 시작할 때는 '유럽에 산티아고 순례길'이 있다면 한국에는 '백의종군길'이 있다는 생각으로 멋지게 걸어보자고 다짐을 했었다. '산티아고 순례길'은 워낙 유명한 길이다. 세계 여러 나라 사람들이 걷고 싶어 하고 우리나라도 직접 다녀온 사람들이 많았다. 방송에서는 다큐로 예능으로 여러 번 방영되었고 '산티아고 길' 걷기와 관련된 책, 블로그, 유튜브 등 다양한 매체를 통해 제공되는 정보가 넘쳐났다. 반면에 '백의종군길'은 관련된 정보가 매우 제한적이었다. 처음에는 어떻게 시작해야 할지 막막해서 차일피일 미루고 있었다.

어느 날 "자전거로 백의종군길 달려보려는데 관련된 정보를 어디서 얻을 수 있을까?"라는 지인의 문의 전화 한 통이 내면에 잠재되어 있던 내 욕구를 깨웠다. 찾는 곳에 길이 있다는 말처럼 정보를 찾으니 이곳 저곳에서 관련 정보를 하나씩 얻을 수 있었다. 조금씩 모이는 정보를 퍼즐 맞추듯 하나 하나 정리하며 백의종군길 걷기를 준비했다. 정보를 얻었다고는 하지만 산티아고길에 비하면 정보가 너무 제한적이었다. 부족한 정보나마 한 조각 두 조각 모이니 백의종군길 걷기에 많은 도움이 되었다.

처음 며칠은 도심 길을 걷는 것이라 목이 마르면 가까운 편의점에 들어가서 눈에 띄는 음료를 골라서 마실 수 있었고 배가 고프면 먹고 싶은 종류를 파는 식당에 들어가서 편안하게 식사를 할 수 있었다. 우리 일상에 익숙한 패턴은 경기도권역을 벗어나면서부터 전혀 다른 양상으로 변했다. 주로 옛길을 걷다보니 식당이나 편의점을 찾는 것은 사치였고 주변에 변변하게 쉴 만한 벤치를 찾기도 어려웠다. 지금까지 익숙한 생활에서 벗어나 불편한 일상을 마주하게 되었다. 하지만 이런 일상도 조금 시간이 지나니 오래전부터 그랬던 것처럼 아무렇지도 않게 적응할 수 있었다. 아침에 출발할 때 하루에 필요한 것을 모두 짊어지고 가면서 그저 그늘만 있으면 맨바닥에도 철퍼덕 앉아서 휴식을 취하고 허기를 달랬다. 사람은 환경에 적응한다는 것을 실감했다.

제한된 정보와 익숙하지 않은 환경 속에서 한 걸음 한 걸음 백의종군길을 걸었다. 백의종군길은 대부분 옛길을 따라가는 길이다보니 평소에 자동차로 큰 도시와 도시를 오고가던 나는 평소에 보지 못하던 곳을 마음껏 둘러볼 수 있었다. 때로는 논두렁 사잇길을 걷고 때로는 길도 식별하기 어려운 산길을 다니면서 길을 잃고 해매기도 하고 한나절을 걸어도 한 사람도 마주치지 않는 길을 걷기도 하였다. 길을 걸으면서 푸르른 하늘과 어우러져 자연의 아름다운 풍광을 눈에 가득 담을 수 있었던 것은 백의종군길을 걷는 사람만이 누릴 수 있는 호사였다. 거기에 더해 그 길을 걸으며 난중일기 내용을 되짚어보며 당시 이순신장군의 마음이 어땠을까를 조금이나마 헤아려 보는 시간이 되어서 의미있는 경험을 하기도 했다.

반면에 아쉬운 부분도 있었다. 백의종군길을 걸으며 때로는 과연 이 길이 이순신이 가셨던 길이 맞을까라는 의아심을 가지는 구간도 있었다. 일부는 지자체가 관광과 연계하여 구간을 약간 변경한 부분도 있었다. 또한 인도가 조성되지 않아서 위험하게 차도로 걸어야 하는 구간도 있었다. 이런 부분들이 조금씩 보완되어 제대로 된 또 안전하게 걸을 수 있는 길로 발전했으면 좋겠다.

백의종군길을 완주하고 한동안 일상을 보내다 긴 여정을 큰 사고 없이 무사히 완주할 수 있음에 감사하고 내가 걸었던 여정을 뒤돌아 보면서 흔적을 남기고 싶어서 글쓰기를 시작했다. 이 책이 비록 화려한 미사여구로 채워진 책은 아니지만 백의종군길을 걷는 사람들에게 조금이나마 도움이 되면 좋겠다.